edition lichtland

© Birgit Medele

edition Lichtland
Stadtplatz 4, 94078 Freyung
Deutschland

Gestaltung: Edith Döringer
Satz: Hermann Schoyerer
Druck: EuroPB Druckservice

1. Auflage 2011

ISBN-13: 978-3-942509-05-3
www.lichtland.eu

Birgit Medele

Loslassen,
Ballast abwerfen und
die Leichtigkeit des Seins
wiederentdecken

Leben

statt kleben!

Danksagung

Meinem Mann, the love of my life.
Unseren wundervollen Kindern.
Meinen Eltern, Geschwistern und Freunden.
Allen, die durch ihre Erfahrungsberichte,
Fragen und Beiträge dieses Buch ermöglicht haben.
Allen, die mich durch ihr Leben inspirieren.
An das Leben.

Inhaltverzeichnis

Vorwort

Liebe Leserin, lieber Leser,

durchschnittlich besitzen wir um die 15 000 Dinge, die meisten davon benutzen wir nie. Dieser Kram beschwert uns, im wahrsten Sinne des Wortes. Schränke voll, Schreibtisch voller, Kopf am vollsten? Sie sind nicht allein. Die gute Nachricht: Unnützes Zeug zu überhöhten Preisen kaufen zu wollen, ist heilbar! Es ist ungemein befreiend, all die Kisten und Stapel einmal so richtig auszumisten. Aufgeräumt macht glücklich. Das weiß ich doch selbst schon lange, sagen Sie jetzt. Aber irgendwie fang ich dann doch nie an mit dem Ausräumen. Oder höre gleich wieder auf. Warum? Die Antwort versteckt sich im Energiebereich.

Wie Aufräumen geht, wissen Sie selbst. Was Sie suchen, ist Motivation, die Initialzündung für den ersten Schritt. Ausreichende Kräftezufuhr, um auch den zweiten und siebten folgen zu lassen. Machen wir mal ein paar Türen auf und hinterfragen die Symptome unserer Sammelleidenschaft. Was verwahren wir in unseren Schränken? Freude, Frieden, Lachen, Abenteuer? Oder horten wir Krempel in der Hoffnung, auf diesem Umweg dem Leben näher zu rücken? Beim Thema Clearing geht es weder um Dinge noch um die Zeit, die man angeblich nicht hat, um mal wieder klar Schiff zu machen. Es geht nicht einmal um das Ringen mit Erinnerungen. In erster Linie geht es um Energie. Es zehrt, an Gegenständen kleben zu bleiben, obwohl wir ihnen kein sinnvolles Dasein mehr bieten können. Weil sie in Kästen und Kisten verbannt dem Sankt-Nimmerleins-Tag der Entscheidung entgegenharren. Unorganisiertes

bringt Zerstreutheit und Antriebslosigkeit und uns aus dem Gleichgewicht. Die Zuvielisation laugt aus und lenkt ab von Lebenszielen,
vom Sinn im Sein.

Dieses Buch lädt Sie ein auf eine Reise der Ursachenforschung.
Wir spüren, dass uns das Zuviel nicht gut tut. Wir wollen nicht ständig wählen müssen zwischen 15 Sorten Marmelade, andauernd Wesentliches herausfiltern aus der Unübersichtlichkeit. Die Angst, uns
falsch zu entscheiden, etwas zu verpassen, macht müde. Warum
können wir trotzdem nicht loslassen? Dieses Buch ist ein Angebot,
in Papier- und Informationsdschungeln die Wegweiser wieder frei-
zulegen. Weg vom Überflüssigen, hin zu einem Überfluss des Guten
– zu dem, was wir uns wirklich wünschen.

Vielleicht haben Sie ein „Ich müsste mal wieder den Keller/Spei-
cher/Schrank durchsortieren"-Projekt seit einiger Zeit vor sich hergeschoben, weil Sie das als unangenehme Aufgabe empfinden. Hier
ist die Einladung, umzudenken und Clearing neu zu definieren: als
spannende, lebensverändernde Meisterklasse der Lebenskünste.
Entrümpeln ist eine archäologische Expedition der anderen Art. Anstatt Pyramiden auszubuddeln, graben wir in der eigenen Geschichte.
Und das ist mindestens genauso aufregend und nervenaufreibend.
Erinnerungen und Gefühle stürmen auf uns ein, während wir rein
äußerlich nur Akten- oder Bücherstapel abtragen. Wir legen Wurzeln
frei, finden zurück zu uns. Zu dem, was uns innen drin lebendig hält.

Clearing wirkt ganzheitlich und ist das bei weitem wirksamste
Feng Shui Tool. Sie können Spiegel auf- und abhängen und Kristal-
le programmieren oder die To-Do Liste gesund schrumpfen. Unser
Geist wird klar und offen in einer Umgebung, die sich auch so anfühlt. Das heißt nicht, dass man alles wegwerfen sollte. Es bedeutet,

ein Gefühl für sich selbst und den eigenen Lebensweg zu entwickeln. Was tut mir gut, was belastet mich nur noch? Organisation ist praktisch angewandte Persönlichkeitsentwicklung, ein Weg zu mehr Energie, Klarheit und Lebensfreude. Das Ziel des Aus- und Aufräumspiels: Ballast abwerfen auf allen Ebenen. Segel setzen und los, dem nächsten Lachen, der nächsten Entdeckung entgegen! Auf zu neuen Ufern, her mit den Abenteuern! Freude einladen, massenweise, in diesen Augenblick. Unser Zuhause nicht als goldener Käfig, sondern als Mast. Anstatt sich unter Alltagsroutinen und hausgemachten Verpflichtungen zu begraben, Unnötiges über Bord, Anker lichten und hinein in ein Leben, das nicht alle zur Verfügung stehende Kraft im Alltag aufbraucht, sondern Energien übrig hat, um Anteil zu nehmen. Um erloschene Augen wieder anzuzünden.

Ein Umfeld lädt auf oder laugt aus. Eine Wohlfühloase reflektiert, wer wir sind, ist leicht in Stand zu halten und unterstützt unsere Prioritäten. Falls Ihre Umgebung diese Kriterien momentan nicht alle erfüllt – umso besser! Denn jede noch so winzige positive Veränderung in Wohn- oder Arbeitsumgebung hat eine positive Auswirkung auf unser Leben. Überflüssiges weiterzugeben tut so gut, weil der Entschlackungsprozess im Äußeren eine Entschlackung und Befreiung des Selbst bringt. Ausmisten ist ganzheitliche Entgiftung! Willkommen in der Zauberwelt des Schubladenausräumens - dem Sesam-öffne-dich in die wunderbare Leichtigkeit des Seins!

I Clearing als Persönlichkeitsentwicklung

Das Spannende an Dingen ist, dass es nie um Dinge geht. Es geht um die Geschichten, die sie erzählen. Um Erinnerungen, Zukunftspläne, Träume und Hoffnungen. Gegenstände sind Requisiten im Theater unseres Lebens. Wenn die Bühne zu voll ist, können sich die Darsteller nicht mehr frei bewegen. Wenn die Schauspieler über das Zuviel stolpern, entfaltet sich keine Handlung. Die Kunst besteht darin, genau die Requisiten um uns zu haben, die uns Ziele erreichen lassen. Wenn wir die Lebensbühne nie abräumen, sind wir dazu verurteilt, alte Vorstellungen zu wiederholen. Ohne Freiraum gibt es keine Entfaltung des Gegenwärtigen, geschweige denn Zukünftigen.

Sie sind Regisseur/in und inszenieren ein neues Stück, einen neuen Lebensabschnitt. Sie müssen das aber auf einer Bühne tun, auf der noch alle Requisiten vergangener Aufführungen herumstehen. Wie groß ist Ihre Chance, etwas Eigenes zu erschaffen? Jetzt wenden Sie das Bild auf Ihr Zuhause oder Ihren Arbeitsplatz an. Wieviel Zukunft hat Platz? Gibt es Hinweise auf die Gegenwart? Oder ist alles voll mit Vergangenheit? Mit ererbten Möbeln, Bildern, Vasen... Mit Geschenken und Souvenirs der letzten Jahrzehnte. Mit den Babyfotos der Kinder, die längst ausgezogen sind. Ein Zuhause hat die Tendenz, sich im Laufe der Jahre in ein Museum zu verwandeln. Die Wohnung als Archiv eines gelebten Lebens, als Verwahranstalt. Wenn es Ihnen nichts ausmacht, dass Ihr Dasein hauptsächlich um Ihre Vergangenheit kreist, weil Sie gerade 98. Geburtstag gefeiert haben und am liebsten auf dem Sofa sitzen und alte Fotoalben anschauen, dann ist das wunderbar. Falls Sie jedoch noch nicht so alt sind und Pläne haben, dann ist die Stagnation einer Museumsumgebung nicht förderlich.

Wir sind mit unserem Heim energetisch eng verbunden. Ein Dingestau spiegelt einen Energiestau und mit der Zeit wird es immer strapaziöser, Problemzonen anzupacken. Auch Materie schwingt, wie uns die Physiker erklären. Wir können die Bewegungen der Atome nicht wahrnehmen und sitzen deshalb gemütlich auf den wild herumrasenden Teilchen, die sich für uns gerade zu einem Stuhl formen. Intuitiv nehmen wir diese Schwingungen sehr wohl wahr. Es ist kein Zufall, dass wir ein Gebäude oder einen Raum betreten und uns wohlfühlen. Good vibrations. Anderswo möchten wir am liebsten sofort wieder kehrtmachen. Jeder Gegenstand hat eine Auswirkung auf Herz und Seele. Wenn wir uns mit Dingen umgeben, die eine freudige Schwingung haben, fühlt sich das ganze Umfeld so an. Wann hat ein Gegenstand eine freudige Schwingung? Wenn er geliebt und benutzt wird. Ein Buch ist auf die Welt gekommen, um gelesen zu werden. Wenn es vor sich hin vergilbt, ist es so gut wie tot und fühlt sich auch so an. Unbenutztes belastet uns. Daher rühren uneingestandene Wunschträume von Einbrechern, die den Kleiderschrank leerräumen, von Überseecontainern, die in Meerestiefen verschwinden. Deshalb fühlen wir uns so leicht, wenn wir in den Urlaub düsen. Zwei (bis vier) Koffer kommen mit, die Verantwortung für allen anderen Kram lassen wir vorübergehend zurück.

Gegenstände stellen Ansprüche an uns. Sie sind Energiefresser mit ihren ständigen Forderungen. „Trag mich zurück an meinen Platz. Ach richtig, ich hab ja noch gar keinen. Kannst du mir nicht mal einen permanenten Aufenthaltsort zuweisen? Und mich dann dort einsortieren? Räum mich auf. Oder wenigstens weg. Nimm mich wahr! Freu dich an mir!" Dinge heischen um Aufmerksamkeit. Sie wollen durchgeblättert, gelesen oder angehört werden. Wenn nicht gewaschen und gebügelt, dann zusammengefaltet und hoch- oder runtergetragen. Trocken gelagert. Vor Kälte, Hitze und Motten geschützt. Kindersicher aufbewahrt. Mal wieder angeschaut oder durchsortiert. Eingeklebt, alphabetisch geordnet, abgeheftet, abge- staubt. Ständig fällt ihnen was Neues ein. „Recycle mich, schred- dere mich, repariere mich! Mein Verfallsdatum ist überschritten, entsorge mich. Fachgerecht. Versichere mich gut." Mit der Zeit quengeln sie immer frecher. „Kauf Kisten, Kästen, Kommoden für uns. Stell Regale auf, miete Lagerraum an. Installiere einen Safe und eine Alarmanlage. Lass das Auto im Regen stehen und uns in der Garage wohnen. Zieh um, wir brauchen mehr Platz." Sie lassen uns keine Ruhe, hartnäckig, unbarmherzig, bis sie aufgeräumt oder erledigt sind. „Keine Zeit jetzt, morgen!" seufzen wir und hasten weiter. Kein Wunder, dass uns die bloße Anwesenheit unnötiger Gegenstände erschöpft. Sie machen uns nervös, weil wir ihren end- losen Bedürfnissen nie zu genügen scheinen. Weniger *ist* mehr.

Das kümmert unseren Kram allerdings wenig und er vermehrt sich munter weiter. Sobald sich herumgesprochen hat, dass wir Katzen mögen, prasseln sie in allen Farben und Formen auf uns ein: Tassen, Geschirrtücher, Radiergummis, Porzellanfiguren, Fo- tokalender... Sie ziehen ohne Mietvertrag ein, aber oft mit Kündi- gungsschutz. Ganz ohne unser Zutun kommt dann noch die Post ins Haus und all die anderen Dinge, die uns Entscheidungen ab- verlangen. Die Stapel verwandeln sich in Mini-Berge, schließlich enden sie als Kisten im Keller. Das passiert automatisch, wenn wir nicht aktiv werden und bewusst abzutragen beginnen.

Clutter ist alles, was wir nie benutzen oder nicht wirklich mögen. Auf einer weniger fassbaren Ebene: Alles Unerledigte. Das englische Wort Clutter vereint alles Überflüssige in sich. Es kann ein Blatt Papier sein oder eine Gewohnheit, die sich überlebt hat. Clutter ist stagnierte Energie. Er hält uns in der Vergangenheit fest und blockiert Gutes und Neues. Kein deutscher Begriff umfasst das so ganzheitlich. Also, her mit der Mikro-Revolution: Nach chillen, shoppen und dem Cash Flow kommt hier nun – mit Tusch der Clutter!

Wir sind mit allem verbunden, was uns gehört. Durch unsichtbare Spaghetti mit diversen Besitztümern verkabelt, egal wo auf dem Globus wir sie deponieren. Wir schleppen jeden einzelnen Teelöffel, jede Schraube und Büroklammer, die gesamten Lagerbestände von Speicher und Keller lautlos klirrend und scheppernd hinter uns her. So lange die Spaghetti einigermaßen geordnet an uns kleben, können wir uns noch frei bewegen. Je mehr wir uns verheddern, desto mühsamer wird es, durch den Tag zu navigieren.

Eine kurze Übung veranschaulicht das. Schließen Sie die Augen und stellen Sie eine Verbindung zu Ihrem Bett her. Dann suchen Sie in Gedanken die letzte Stromrechnung. Nun eine Schere, die gut schneidet. Und zuletzt ein Stück Bindfaden. Ihr Bett zu finden war eine einfache und direkte Sache, Sie wissen genau, wo es ist. Bei den anderen Dingen wurde es wahrscheinlich schon etwas komplexer. Sie mussten erst herumstöbern, bis Sie den Gegenstand lokalisierten. Je länger es dauert, die Verbindung herzustellen, desto verspulter sind die Energie-Spaghetti. Je länger die To-Do Listen, desto zäher waten wir durch den Tag. Deshalb tut es so gut, Ordnung und Struktur zu schaffen oder eine aufgeschobene Erledigung abzuhaken. Wir müssen nicht mehr ständig Energie ins Entwirren investieren, sondern können direkt auf Ziele zusteuern.

Aufräumen und Ausmisten sind als unglamourös und langweilig verkannt. Dabei verstecken sich hier faszinierendste philosophische und psychologische Konzepte. Alle großen Themen tauchen auf: Loslassen, Verantwortung, Vergänglichkeit, Wachstum, Neubeginn.

Ein Tourist auf einer Gebirgsreise hatte sich schon lange auf die als Höhepunkt angekündigte Klosterbesichtigung gefreut. Nun ist es endlich soweit. Er spaziert gespannt und ehrfürchtig in die Kammer eines Mönchs hinein, schaut herum und sagt nach einer Weile: „Dürfte ich Sie mal was fragen?" Der Mönch lächelt freundlich. „Gerne." „Wo sind denn Ihre Sachen?" Die Antwort ist eine Gegenfrage: „Darf ich Sie auch etwas fragen?" „Klar." „Wo sind denn Ihre Sachen?" „Aber ich bin doch hier nur auf der Durchreise!" – Die Antwort des schmunzelnden Mönchs können Sie erraten.

Raus aus dem Hotel Apathie. Ziehen wir um in ein sinnerfülltes, kreatives Leben voller Schwung und Enthusiasmus. Buddeln unter Clutterschichten nach brachliegendem Potential, kraxeln über die Requisiten und machen uns dahin auf, wo es interessant wird: hinter die Kulissen.

II Warum wir nicht loslassen können

Im Clearing-Prozess stoßen wir auf die psychologischen Hintergründe, warum wir uns so schwertun mit dem Wegwerfen und Loslassen. Im Folgenden sind mögliche Ursachen der Erstmal Nichtstun-Taktik aufgeführt. Passivität hat Scheinvorteile. In manchem Punkt werden Sie sich wiedererkennen, andere treffen auf Sie vielleicht weniger zu. Viel Spaß bei den Ausgrabungen!

Gefühle unterdrücken

Chaos-Theorie bleibt nicht lange graue Theorie, sie manifestiert sich als tägliche Erfahrung. Dinge entwickeln ein Eigenleben, begeben sich auf Wanderschaft und wachsen uns über den Kopf mit ihrer Nichtsesshaftigkeit. Anstatt friedlich auf dem Schreibtisch liegen zu bleiben, treckt Papier durchs ganze Haus, dringt vor bis in abgelegenste Winkel, um sich dann an den unmöglichsten Stellen einzunisten. Die Rechnung ist nicht mehr aufzufinden. Nach einer Weile löst sich das Rätsel – sie hatte sich in einem Schuhkarton im Küchenschrank verschanzt. Spielsachen für alle Altersgruppen, Zeitschriften und Bücher vermehren sich über Nacht. Die Tür des Kleiderschranks zum Schließen zu bewegen steht einem Workout im Fitnessstudio in nichts nach. Und wenn man sie glücklich wieder aufgekriegt hat, fällt einem rein gar nichts entgegen, was man gerne anziehen würde.

Mit der Verwaltung unseres Krams beschäftigt, räumen wir uns in einem gemächlichen Tempo durch Tage und Jahre. Wir beschränken uns auf die überschaubaren Fragen: „Wo und wie kann ich meine Siebensachen am besten verstauen?" Gleichzeitig verhelfen diese Aktiönchen zu einem angenehmen Gefühl der Geschäftigkeit. Rein, raus, runter, rüber. Rein, raus... Nie Stillstand, nie Stille. Wir spielen in unserem Puppenhaus und erkramen uns die Illusion, wichtig und gebraucht zu sein. Die nützlichste Nebenwirkung: Das Umschichten lässt keine Muße, sich mal hinzusetzen und einer eventuellen Leere ins Gesicht zu starren. Den Warums, die unter all den Kisten und Kästen lauern, mit ihren unangenehmen Fragen: „Warum bin ich hier? Was sind meine wirklichen Träume? Wie kann ich mein volles Potential leben?" Clutter ist eine Schutzmauer, die wir zwischen uns und den großen Themen auftürmen. Ein kunstvoll konstruierter Hindernisparcours, der Eindringlinge auf Distanz hält, die sich nicht mal eben abheften lassen. Wir nehmen den Fuß vom Gaspedal und tauchen ab.

Manchmal liegt die Wurzel einer Sammelleidenschaft weit zurück. Vielleicht haben Vorfahren auf einer Flucht alles verloren. Wandern Sie in Gedanken durch Ihre Vergangenheit. Wann fing das Horten an? Nach einem Todesfall, einer Trennung, Scheidung? Nach einem traumatischen Kindheitserlebnis? Sie kamen eines Tages von der Schule nach Hause und alle Stofftiere, die Lieblingspuppe oder Eisenbahn waren verschwunden. Die Eltern hatten sie einfach weggegeben. Sie wurden übergangen und verletzt. Und seitdem versuchen Sie (vergeblich), die durch diesen Verlust entstandene Lücke wieder zu füllen. Indem Sie grundsätzlich nie mehr etwas loslassen, die Vergangenheit in Keller und Speicher bewahren, aus den Augen, nicht wirklich aus dem Sinn. Irgendwann trauen wir uns dann nicht mehr, die schlafenden Erinnerungen zu wecken. Solange die Kartons unberührt vor sich hindösen, brauchen wir uns nicht auseinanderzusetzen. Clutter ist ein Kokon. Wir schaffen uns einen als stabil empfundenen Schutzpanzer, eine extra Schicht zwischen uns und der Welt da draußen – oder unserer Innenwelt. Wir entschärfen das Leben, halten es in Kisten verpackt in Zaum. Deckel zu, Etikette drauf, alles paletti. Für eine gewisse Zeit hat dieser Schutz seine Berechtigung. Früher oder später zeichnen sich dann allerdings die Nachteile ab. In einem Kokon sieht man nicht besonders weit. Erst wenn wir den Mut aufbringen, unsere Schutzhülle zu sprengen, entpuppen wir uns als der buntschillernde Schmetterling, der wir wirklich sind. Und fliegen freudig taumelnd unseren Träumen entgegen!

Sicherheit vorgaukeln

Vielen Dingen machen wir es viel zu leicht, sich für immer bei uns einzunisten. Sie bestehen die Weggeben-Feuerprobe mit dem meistgehörten aller Sammlerargumente: „Das könnte ich ja vielleicht noch irgendwann einmal gebrauchen." Oder falls nicht ich selbst, dann die Kinder. Oder eine Freundin. Vielleicht die Nachbarn? Hinter dieser harmlos klingenden Ausrede verbirgt sich eine Emotion, die lähmt: Angst. Wir selbst haben wahrscheinlich noch nie eine Hungersnot durchlitten, ertappen uns aber trotzdem immer wieder bei einem unterschwelligen ‚Morgen könnte nicht mehr genügend da sein'-Lebensgefühl. Vielleicht haben die Vorfahren einen Krieg miterlebt, eine Flucht oder Wirtschaftsdepression. Armutsmentalität kann sich über Generationen hinweg vererben. Aber wir haben es in der Hand, Angstschwingungen zu transformieren, ein Ins-Leben-Vertrauen bewusst zu kultivieren. Indem wir einen Gegenstand weitergeben, den wir nur aus Sicherheitsgründen im Schrank einkerkern und damit der kollektiven Mentalität des „immer wenn ich etwas weggebe, brauche ich es am nächsten Tag" ein Schnippchen schlagen. Unsere Erwartungshaltung ist wesentlich an der Gestaltung unserer Realität beteiligt. Also sagen wir uns mit dem Schwung der Zuversicht: „Falls ich diesen Reservedosenöffner morgen brauche, findet sich garantiert ein noch besserer." Wir benutzen unsere Siebensachen manchmal als security blanket, als eine Art Kuscheldecke. Für ein Kind werden zusammengenähte Stoffteile im Teddy zum Trostspender. Auch wir suchen Halt in vertrauter Symbolik, die uns durch ihre Anwesenheit angeblich beweist, wie viele Freunde wir haben (Geschenke), wie viel wir wissen (Bücher), wie erfolgreich wir sind... Ein paar gutplatzierte Erinnerungsstücke verbreiten freudige Schwingungen, die Menge macht's. Kinder haben selten 75 Kuscheldecken. Sie beschweren sich nicht damit. Sie ersticken sich nicht darunter. „Je mehr Gegenstände ich um mich türme, desto sicherer bin ich", ist ein Missverständnis. Sicherheit liegt nie in Dingen. Sie liegt in der Gewissheit, mit allem umgehen zu können, was uns das Leben bringt.

Die Stürme werden kommen. Aber wir steuern unser Boot.

Identität zusammenbasteln

Eines unserer Grundbedürfnisse ist Zugehörigkeitsgefühl. Wir sehnen uns nach Seelenverwandtschaft, nach Gleichgesinnten. Suchen das Aufgehobensein in einem größeren Ganzen, in der Identifikation mit einer Nation, Region, Religion. Als Fan leben wir Individualität und Gruppe gleichzeitig. Feuer und Flamme zu sein für eine Fußballmannschaft, Musikrichtung, Partei oder Glaubensgemeinschaft gibt uns ein emotionales Zuhause. Oma sammelt Teekannen, ein Kollege Vinylplatten, andere begeistern sich für Modellflugzeuge oder Zeichentrickfilme. Alte Opernprogramme und Schulhefte versichern uns: „Das habe ich gemacht, das bin ich." Im Endeffekt speichern wir eine Essenz. In der Kunstkollektion leben wir unsere Kreativität aus. Die Filme stehen für den Traum, einmal Schauspieler, Regisseurin, Komiker zu sein. Die Flugzeuge für Geschwindigkeit, Vorwärtskommen, das Erreichen von Zielen, Freiheit... Begeben Sie sich auf Safari in Ihre ganz persönliche Dingewelt. Welche Essenz horten Sie? Wie können Sie sich diesem Bedürfnis annähern, ohne ständig neue Regale aufzustellen? Bücherwände vermitteln uns selbst oder anderen – Unzutreffendes bitte streichen! – „Ich bin: belesen, weitgereist, geistig beweglich, aufgeschlossen, vielseitig interessiert, Querdenker/in, gebildet, spirituell, cool, umweltfreundlich, intelligent, witzig, fantasievoll, individuell, liberal, konservativ, anders, besonders, offen für Neues, kunstinteressiert, Reformer, Revolutionärin, ein guter Vater... Ich habe Tiefgang, den Durchblick, Interesse an persönlicher Entwicklung..." Was steht als Überschrift auf Ihren Regalen, in unsichtbarer Tinte?

Wir wollen respektiert und geliebt werden und benutzen Dinge, um zu kommunizieren: „So einzigartig bin ich! Bitte mögt mich dafür!" Dabei wissen wir: Andere schätzen uns nicht wegen unseres Krams. Wenn wir Leute oft zum Lachen bringen, brauchen wir keine siebzehnbändige Witzeedition, um das der Welt zu beweisen. Und wenn wir nicht mit einem Übermaß an Humor gesegnet sind, nützt leider auch der ausgefallenste Fundus nichts. Wir kommunizieren durch unser So-Sein. Was wir sind, überstrahlt alles was wir sagen, horten oder tun.

Beim Thema Status vielleicht mal kurz wegdenken vom Klischee des roten Sportwagens. Statussymbole sind Hilfsmittel, um ein Image zu vermitteln und wir alle haben welche. Sie kommen in den unterschiedlichsten Formen daher. Für die einen sind es Marken, für andere der Protest gegen die Wegwerfgesellschaft: nur Bio- und Gebrauchtwaren, um sich von konsumberauschten, oberflächlichen Verschwendern abzugrenzen. Die große Erleichterung kommt mit der Erkenntnis, dass wir andere nicht nur nicht beeindrucken müssen, es funktioniert sowieso nicht. Wir sind nicht, was wir haben. Wir sind was wir sind. Unsere Geschichte. Ein Puzzle aus universalen Erfahrungsbausteinen, angeordnet in einzigartiger Variation. Wie wär's mit der Erweiterung einer ganz besonderen, vor Jahren begonnenen Kollektion? Es fehlt sicher noch einiges zur Komplettierung. Eine Traumreise vielleicht, ein Kurs oder eine Begegnung. Etwas, was wir schon immer mal ausprobieren wollten. Unsere Sammlung von Erfahrungen müssen wir nie abstauben. Und das Beste: Wir können sie am Ende sogar mitnehmen.

Das „Richtige" tun

Der Entsafter steht seit Ewigkeiten unbenutzt im Schrank. Weit mehr als nur ein verstaubendes Küchengerät symbolisiert er unsere Ambitionen auf einen gesunden Lebensstil. Wir können uns nicht trennen, da wir das Richtige tun wollen. Keine Fehler machen, nichts verschwenden, niemanden verletzen und Applaus dafür. Wir sind besondere Blumen, wir blühen am liebsten, wenn gerade jemand hinschaut. Anerkennung ist ein Grundbedürfnis. Daher tun wir uns schwer, endgültige Entscheidungen zu treffen, Schlussstriche zu ziehen und Geschenke oder Ererbtes weiterzugeben. Um

Schuldgefühle zu vermeiden, lassen wir uns zu Erstaunlichem ver-
führen. Eine Klientin nahm am Ende eines Fluges zwanzig Plastik-
beutel mit dem Logo der Fluglinie, Mini-Zahnpastatuben und Ein-
malbesteck mit, da das sonst im Müll gelandet wäre. Wir belasten
uns mit Unbrauchbarem, da wir „Verschwendung" nicht ertragen.
Direkt unter der Staubschicht liegt die Schuldschicht. „Das hat soviel gekostet." Die Fehlinvestition lässt sich durch Nichtstun nicht
rückgängig machen. Warum lenken wir uns mit selbsterfundenen
Währungen ab, statt die wirklichen Kostbarkeiten als teuer zu be-
zeichnen? Warum zählen wir Lebenszeit nur bei Neugeborenen
ehrfürchtig in Tagen?

Andere Klebstoffe: „Das wollte ich doch irgendwann nochmal (fertig)
machen." Wollen wir wirklich? Wann? „Diesen Ring hat schon meine
Urgroßmutter getragen." Wir verletzen das Andenken an Verstorbe-
ne nicht, wenn wir deren Dinge in Frieden weiterziehen lassen. Eine
Seminarteilnehmerin hatte ihr kleines Wohnzimmer mit Klavier und
Orgel ihrer verstorbenen Mutter verbarrikadiert, obwohl sie diese
Instrumente nie spielen wollte. Der Raum war so voller Erinnerungen, dass sich die Tür kaum öffnen ließ. Sie hatte jahrelang keinen
Zugang zum Herzstück ihrer Wohnung, konnte sich nicht mehr mit
Freunden auf die Couch setzen. Weil sie es nicht über's Herz brachte
„meine Mutter wegzuwerfen." Unsere lieben Verstorbenen erwarten
nicht, dass wir uns aus Trauer und Verpflichtungsgefühlen gleich
mitbegraben. Sie wollen, dass wir glücklich sind.

In unseren Breitengraden ist es Tradition, Wertschätzung durch
die Überreichung eines Gegenstands auszudrücken. Das Geschenk-
papier ist ab: „Oh nein, bitte, was ist das denn?!" Gleichzeitig ver-

suchen, ein Lächeln auf die Lippen zu zaubern und Enthusiasmus aufzubringen für Pullunder oder Blümchenvase, die mit unserem Stil rein gar nichts zu tun haben. Wenn wir trotzdem ein herzliches Dankeschön sagen, ist das keine Heuchelei. Wir bedanken uns für Mühe, Zeit und Geld, die die Schenkenden investiert haben, um uns eine Freude zu machen. Wir nehmen die Essenz voller Dankbarkeit an: Liebe – symbolisiert in einer Gabe. Wenn wir diesen Schatz im Herzen bewahren, können wir den Gegenstand weiterziehen lassen. Im Vertrauen darauf, dass er ein Zuhause findet, wo er geschätzt und gebraucht wird. Geschenkideen sind eine Herausforderung, da wir in der Regel bereits mehr besitzen, als sich sinn- und lustvoll in unser Leben integrieren lässt. Eine Klientin erzählte, dass ihre Mutter sie eines Tages bat, ihr nur noch Dinge zu schenken, die sie wieder zurückhaben wollte. Seitdem gibt's zum Geburtstag Einladungen ins Theater oder Restaurant. Keinerlei Sorgen, ob die Beschenkten die Erfahrung etwa schon haben. Schöne Erlebnisse nehmen keinen Platz weg und haben kein Verfallsdatum!

„Ich habe da dieses kostbare Ding, möchte es aber nicht ‚verschwenden' und daher nur in gute Hände abgeben." Am liebsten mit schriftlicher Bestätigung, dass die Empfänger sich als garantiert würdig, bedürftig und zutiefst dankbar erweisen. – Sind wir das? Ist das Ding bei uns in guten Händen? Gibt es eine tragischere Vergeudung, als etwas unbenutzt vor sich hin verstauben zu lassen? Stellen wir uns vor, welche Begeisterung das Teil bei jemand anderem auslösen könnte. Wir stehen dieser Freude im Weg, solange wir nicht loslassen wollen. Musikinstrumente, bei uns für immer verstummt (nein, die Kinder wollen sie in 35 Jahren auch nicht haben), könnten anderswo weiterklingen.

Ein beliebter Vorwand, um an Unbenutztem kleben zu bleiben: „Ich weiß nicht, wo ich das hingeben kann und einfach wegwerfen will ich es nicht." Wo ein Wille ist, findet sich der Weg. Am Tag nach der Kleidersortieraktion landet ein Wurfzettel im Briefkasten: eine Wohltätigkeitsorganisation holt Ende der Woche Kleidung ab. Es weiß immer jemand Bescheid, wo gerade gesammelt wird. Kinderheim, Frauenhaus, Obdachlosenunterkunft, die innere Mission oder Oxfam entlasten uns gerne. Als Mitglied bei www.de.freecycle.org genügt eine E-Mail und jemand holt sperrigeren Kram ab. Auf der nächsten Party verkündet ein Karton voller aussortierter Bücher den Gästen in Druckbuchstaben: „Wer will mich? Geschenke für alle!" Solche Freudenbringer stehen auch gerne in Treppenaufgängen im Block herum und beglücken die Nachbarn. Oder sie wagen sich bis auf die Straße hinaus, unerschrocken auf dem Weg in ihr neues sinnerfülltes Leben. Gewächse samt Übertopf ziehen aus. Wir sind ihrer überdrüssig geworden, rebellieren gegen ihr Immer-noch-dasein oder Zu-groß-gewachsen-sein mit der Weigerung, sie umzutopfen. Enthalten ihnen sogar das Wasser vor und haben ob dieser schleichenden Vernichtung ein riesig schlechtes Gewissen. Wir wollen ja niemanden umbringen. Nur diesen Gummibaum nicht mehr in unserem Leben haben. Vor's Haus damit, anderen fehlt zum vollendeten Wohnungsglück nur noch die überdimensionale Grünpflanze. Die neuen Besitzer werden sie mit aller Liebe und allem Wasser überschütten, die sie braucht. Wir sind wieder ein freier Mensch. Alle glücklich.

Wenn wir uns um die angebliche Verschwendung von Jackett oder Bildband sorgen, versuchen wir, auf einem Rettungsring aus Stoff und Papier der Verantwortung davonzutreiben. Rettungsringe

basteln bringt willkommene Ablenkung von ernsthafterer Vergeu-
dungsgefahr – der von Lebenszeit. Tage wollen nicht herumgebracht
werden. Zeit ist nicht zum Totschlagen da. Die herzzerreißendste
Verschwendung liegt jenseits der Dingewelt. Im Verplempern einer
Woche, eines Nachmittags. Wir machen uns in den Stunden breit,
als ob das nächste Morgengrauen auf Ewig garantiert wäre.

Was wir tun, verblasst vor dem wie. Wie wollen wir durch das
Geschenk dieses einmaligen Tages gehen? Kein Lächeln mehr verpassen. Nicht übersehen, wie der Nebel in den Bäumen hängt und
der Wind mit den Blättern fangen spielt. Mitsummen, einstimmen,
in den luftig klingenden Glanz des Jetzt.

Innere Rebellionen ausleben

Wenn wir in einem Umfeld aufwuchsen, in dem Aufräumen Stra-
fe war, setzen wir Unordnung vielleicht mit Freiheit gleich. Allen
Klischees zum Trotz gedeiht Kreativität aber nicht im Chaos. Nach
der Genialphase braucht die zündende Idee ihre bodenständigeren
Geschwister Disziplin und Organisation, um erfolgreich umgesetzt
zu werden. Organisieren heißt nicht, auf ewig Etiketten zu kleben
und jeglicher Spontaneität auf Nimmerwiedersehen zu winken. Im
Gegenteil. Je größer das Chaos, desto mehr Notfalleinsätze und
Ausbügeln, Zeit zum Auftanken wird knapp, Staunen und Leben-
digsein zum Luxus. Organisation bringt ein Ende des Stillstands
und Freiraum für Entwicklung. In der Natur bleibt nichts wie es ist.
Stillstand ist Tod. Unser Körper ersetzt Millionen von Zellen pro
Sekunde, alle sieben Jahre bewohnen wir ein rundum erneuertes
Modell.

Vielleicht sind also unsere Eltern schon lange verstorben und wir sitzen noch immer im Kinderzimmer (aus dem inzwischen die eigene Wohnung geworden ist) und triumphieren: „Ich räum' aber nicht auf!" Sind auf die Barrikaden gegangen, indem wir alles behalten oder alles um uns verstreuen. Tohuwabohu als zeitverschobener Widerstand gegen Erziehungsberechtigte, die verbotenerweise in unser Zimmer eindrangen, um dort „aufzuräumen", das heißt alles durcheinander zu bringen und unsere Privatsphäre zu verletzen.

Durcheinander kann auch dazu dienen, gegenwärtigen Mitbewohnern bildlich zu demonstrieren, dass sie nie einen Finger rühren. Dass ohne uns sowieso alles im Chaos versinken würde. Dass wir uns im Stich gelassen fühlen mit all der Verantwortung, die uns aufgebürdet wird oder nicht abgenommen. Dass wir alleine sind, obwohl wir zusammen wohnen.

Es muss dem passiv-aggressiven Rebellionsvergnügen erstmal keinen Abbruch tun, dass wir uns inmitten der Stapel inzwischen selbst unwohl fühlen und schon lange keine Gäste mehr eingeladen haben. Dass wir als ruhelos Getriebene dem Daheimsein aus dem Weg gehen, sogar um den Preis, länger im Büro auszuharren. – Sobald wir aufhören zu fliehen und uns dem Clutter stellen, winkt als Belohnung ein Zuhause, das uns mit Kraft und Lebensfreude erfüllt. Wo das Heimkommen ein Heimkommen ist.

Vielleicht kreieren wir auch formvollendete Papierstapel auf dem Schreibtisch im Büro, um uns selbst, der Welt und den Kollegen zu demonstrieren, wie viel wir zu tun haben? Wie unentbehrlich wir sind. Dass wir auch mal gelobt werden wollen. Bei anderen kommt diese Nachricht jedoch leider anders an und wird als Desorganisation oder mangelnde Kompetenz ausgelegt.

Jede/r von uns verdient ein inspirierendes Wohn- und Arbeitsumfeld. Ordnung ist nicht spießig. Sie ist keine Zwangsjacke. Ordnung geht auch ohne Häkeldeckchen, Stillstand und Decke-auf-den-Kopf-fallen. Sie bringt Klarheit, ein Aufgehobensein im Zuhause und im Leben. Lenken wir die Energie des Rebellentums auf Sinnvolles um.

Möglichkeiten offenhalten

Manche brauchen weder Luftmatratze noch Gaskocher, sie campen in den eigenen vier Wänden. Es wird zwar kein Zelt aufgeschlagen, aber es sieht so aus, als ob sie gerade eingezogen wären oder gerade am Ausziehen sind. Dabei leben sie bereits jahrelang in dieser Wohnung. Kartons stehen herum, mit Bildern drin, die irgendwann mal aufgehängt werden sollen. Glühbirnen schaukeln von der Decke, nur bis der passende Lampenschirm gefunden ist. Vorhänge lassen auch noch auf sich warten. Heimcamper richten sich nie wirklich ein und wissen meist selbst nicht, warum. Vielleicht wegen des dumpfen Gefühls, es nicht schöner zu verdienen. Oder aus der unterschwelligen Angst heraus, ansonsten für immer in dieser Wohnung (oder Stadt oder Beziehung) steckenzubleiben. Bis die perfekte Lösung gefunden ist, arrangiert man sich, vorübergehend. Und schon wieder sind fünf Jahre verflogen.

Manchmal wollen wir uns nicht festlegen, weil wir befürchten, uns damit Besseres entgehen zu lassen. Sich für eine Bleibe zu entscheiden, bedeutet, andere auszuschließen. Lieber vage bleiben, dann klingelt morgen das Happy End an der Tür. Sich festzulegen ist verknüpft mit der Angst, sich in einer Situation einzusperren. Eine Klientin verübelte es ihrer Wohnung, dass sie sich in Stuttgart befand, anstatt im geliebten Südfrankreich. Vielleicht ist es nicht das erhoffte Eigenheim, sondern eine Mietwohnung. Erdgeschoss statt Loft. Die Fenster gehen zur falschen Seite raus. Man weiß, dass dieses Zuhause nicht auf ewig ist: eine Sanierung steht an, die Nachbarn sind nicht ideal... Camper wollen sich nicht binden. Vielleicht mussten sie einem Job oder Partner folgen, aber möchten eigentlich lieber woanders sein. Sie wollen auf dem Sprung bleiben, sich alle Optionen offenhalten. Die nicht so gute Nachricht: Solange wir uns nicht temporär verankern, es uns nicht wohnlich machen, bleiben wir garantiert stecken. Zum Weiterziehen brauchen wir ein Fundament. Die Zukunft lässt sich nicht gerne auf wackeligen Provisorien errichten.

Sobald wir uns auf Positives konzentrieren, bauen wir eine gute Beziehung zu unserem Zuhause auf. Wir verdanken es unseren vier Wänden, dass wir eine Tür hinter uns zumachen können und Ruhe haben. Dass der Regen gegen das Fenster trommelt, anstatt uns beim Schlafen auf den Kopf. Falls uns das Konzept „trautes Heim" kalte Schauder über den Rücken jagt, die „Option Gartenzwerg" weglassen. Wir müssen uns nicht in geranienübersäter Gemütlichkeit festschweißen. Wohlfühlen hat keine Formel. Schönheit hält die Seele am Leben, egal wie sie aussieht. Landen, ankommen – und dann so geerdet dem nächsten Meilenstein entgegen!

III Clearing als angewandte Lebenskunst

Schubladenausräumen konnte sich bisher geschickt tarnen als fünftrangige Regenwetteroption, eine halbe Stunde totzuschlagen. Aber hiermit ist es offiziell entlarvt als Spannung pur, als angewandte Persönlichkeitsentwicklung. Clearing sind die kleinen, konkreten Schritte, der einzige Weg zu erfolgreichem Energiemanagement. Es führt die Lebensfreude wieder als Hauptfach ein auf dem Stundenplan unseres Alltags. – Willkommen zum Praxiskurs für Anfänger, Fortgeschrittene und alte Hasen: Wie lebe ich leicht und frei, mit einem Lächeln auf den Lippen? Der Kursplan besteht rein äußerlich aus Aus- und Wiedereinräum-Sessions. In Wirklichkeit werden dabei jedoch fundamentale Konzepte durchgenommen, ganz ohne Theorie zu büffeln. Das Abschlusszertifikat ist kein Stück Papier, sondern angewandte Lebenskunst. Wo wir uns nicht mehr vage wartend durch die Jahre tasten, sondern morgens aus dem Bett springen und kaum erwarten können, was der Tag wohl bringen wird.

Was gibt's auf dem glamourösen Schubladen-Lehrplan zu entdecken?

Vor-Urteile über Bord

Jedes unserer Dinge sagt etwas über uns aus. Was erfahren wir, wenn wir uns als Gast in der eigenen Wohnung umschauen? Welche Interessen lassen sich erkennen? Lieblingsfarben? Wenn momentan nicht viel herauszufinden ist, haben wir uns wohl gerade ein bisschen vergraben. Schon vor der Zeit. Das Äußere spiegelt das

Innere. Clutter hat Schutzfunktionen, temporäre Mauern werden aus guten Gründen errichtet. Also keinen noch so winzigen Teil kostbarer Energien mit Selbstvorwürfen vergeuden. Diese Umgebung war, was wir bisher brauchten und deshalb genau richtig so. Entrümpeln wir als erstes die Gut/Schlecht-Schablonen und befreien uns selbst durch Nicht-Urteilen. Feiern den Anbruch einer neuen Ära, das Ende des Sich-Verschanzens. Wir haben hinter dem Schutzwall genügend Kraft gesammelt, um uns freizugraben – Licht und Luft und dem Neuen entgegen. Generalamnestie für Stapel, Kisten, Kästen und deren Eigentümer! Und sobald wir uns daran gewöhnt haben, uns selbst nicht mehr ständig zu be- und verurteilen, können wir diese wohltuende Haltung auf andere ausweiten.

Es geht nicht darum, Urteile aus moralisch angesäuerten Gutmensch-Gründen zu unterlassen. Gereckte Zeigefinger sind einfach nur erstklassige Energieverschwendung. Solange wir uns jemandem überlegen wähnen, werden wir uns auch unterlegen fühlen. Ein Urteil sagt mehr über uns, als über andere. Ansichten über korrekte Haar-, Musik- oder Kleidungsstile outen uns als konservativ, alternativ... Am Anfang und am Schluss sind wir alle gleich, letzten Endes bleiben Urteile Vorurteile. Wir sehen jemanden auf der Straße vorbeilaufen und sind ganz sicher, dass diese Person in die Arbeit fährt. Dann entdecken wir eine Tüte und korrigieren uns. „Ah nein, war wohl gerade einkaufen. Oder ist sie doch auf dem Weg zum Bahnhof?" Wir müssen uns mit äußerlichen Einschätzungen begnügen.

Wohin eine andere Seele unterwegs ist oder warum, werden wir nie wissen. Auf tieferen Ebenen haben wir nie alle ‚Fakten'. Tanzen als Schneeflocken zusammen, auf unserer kurzen Reise durch den Raum. Keine wie die andere. Seelen auf einer Reise, aus unterschiedlichen Richtungen auf dem Weg in die Mitte. Einzigartigkeit liegt jenseits der Beurteilungsskalen – und sie ist das einzige, was wir alle gemeinsam haben.

Warum also Zeit und Lebenskraft in Bewertungsprozesse investieren, die wir bald wieder auf den Kopf stellen? „Die ist aber ganz schön rundlich." Die ist aber ganz schön schwanger. Starten wir mit dem Gelassenheitstraining bei der Inneneinrichtung. Es gibt nur ein Kriterium. „Tut mir das gut? Fühle ich mich wohl damit?" Unterschiedliche Schneeflocken wählen unterschiedlichste Utensilien. Ein Hirschgeweih ruft bei einer Fluchtreflexe hervor, bei der nächsten wohlige Gemütlichkeitsschauder. Geschmäcker sind verschieden, nicht gut oder böse. Da sind wir felsenfest von einer Sache überzeugt – um dann einige Jahre später einen gegensätzlichen Standpunkt zu vertreten.

Ein fernöstliches Gleichnis erzählt von einem Mann und seinem Pferd. Eines Tages lief es ihm weg. Die Nachbarn bedauerten das Unglück. Der Mann sagte, „vielleicht ist es eins, vielleicht auch nicht. Wer weiß?" Dann kam das Pferd zurück, mit zwei Wildpferden im Schlepptau. Der Mann besaß nun drei Pferde und die Nachbarn freuten sich über das Glück. Der Mann sagte: „Vielleicht ist es eins, vielleicht auch nicht. Wer weiß?" Dann brach sich sein Sohn beim Einreiten der Wildpferde beide Beine. Die Nachbarn waren entsetzt über das Unglück. „Wer weiß", sagte der Mann. Militärrekruten kamen ins Dorf und zogen alle jungen Männer zum Kriegsdienst ein. Nur der Verletzte blieb verschont. „So ein Glück!" riefen die Nachbarn. – Kraft, die in Urteilen feststeckt, fehlt woanders. Machen wir sie wieder zugänglich und werfen die permanent defekte Beurteilungswaage gleich mit dem Altpapier raus.

Unsere Augen sind das Objektiv, unsere Gedanken die Kamera. Das Bild, das wir sehen, die Realität. Es gibt soviele Realitätsentwürfe, wie es Menschen gibt. Wir alle navigieren mit zwei sehr individuellen Landkarten über unseren kleinen blauen Planeten.

Eine verzeichnet, wie wir die Welt sehen, unsere persönliche Version der Wirklichkeit. Die zweite, wie die Welt unserer Meinung nach sein sollte, unsere Wertvorstellungen. Wir filtern alles durch diese Schablonen. Realität ist Interpretation. Ungeahnte Energiereserven erschließen sich, wenn wir nicht mehr immer im Recht sein müssen. In Kleinigkeiten über der Sache stehen, sich bei inneren Prioritäten durchsetzen. Je weniger Energie in Machtkämpfe, ständige Bewertungen oder inneren Widerstand entrinnt, desto mehr bleibt für nachhaltiges Säen und Ernten.

Nicht-Urteilen und bedingungslose Liebe sind die am stärksten transformierenden Kräfte, unsere größten Schwächen auch die größten Stärken: Eine alte Frau im alten China musste täglich Wasser holen gehen und balancierte auf ihrem beschwerlichen Weg eine Stange mit zwei Tongefäßen über den Schultern. Eines der Gefäße hatte einen Sprung und verlor unterwegs die Hälfte seiner kostbaren Fracht. Nach zwei Jahren ertrug es sein Versagen nicht mehr. „Es tut mir so unendlich leid, dass ich den ganzen Heimweg über Wasser ausrinnen lasse, während der andere Behälter perfekt ist. Ich leiste nur halb so viel, das macht mich ganz fertig." Die Alte lächelte. „Ist dir schon mal aufgefallen, dass auf deiner Seite des Weges Blumen wachsen? Ich wusste um deinen kleinen Fehler, deshalb habe ich Samen ausgestreut. Du bewässerst sie. Dir habe ich es zu verdanken, dass ich in den letzten Jahren immer Blumen nach Hause brachte. Wenn du nicht genauso wärst wie du bist, gäbe es keine duftend bezaubernde Schönheit in meinem Heim."

Loslassen ohne Reue

Nichts bleibt wie es ist. Auch wenn wir uns dagegen sträuben und dem Früher-war-alles-besser-Club beitreten. „Die Jugend von heute liebt den Luxus, hat schlechte Manieren, schwatzt wo sie arbeiten sollte und verachtet die Autorität. Sie hat keinen Respekt mehr vor älteren Leuten, widerspricht ihren Eltern und tyrannisiert ihre Lehrer!" Sokrates hat das bereits im Jahr 400 v. Chr. festgestellt und seine Theorie findet bis heute Anhänger. Während wir noch grummeln, erfindet diese unmögliche nächste Generation das nächste unverständliche Teufelszeug: die Dampfmaschine, Online-Banking... Man kommt kaum noch mit, die Welt da draußen scheint sich so circa alle zehn Minuten rundum zu erneuern. „Ich habe es privat lieber etwas gemächlicher", sagen Sie jetzt vielleicht. „Ich will gar nicht zuviel Innovation in meinem Leben." Dann ist ja alles gut.

Durch Nicht-Veränderung im Zuhause schaffen wir uns die Illusion von Stabilität. Auf Dauer macht der Stillstand aber kribbelig, da es bei den meisten von uns die eine oder andere Baustelle gibt, wo wir ein bisschen positive Veränderung begrüßen würden. Entweder es hakt beruflich oder das Privatleben gestaltet sich nicht ganz so, wie wir uns das vorstellen. Wir könnten ein bisschen mehr Geld gebrauchen, mehr Zeit oder ein paar neue Freunde. Uns Veränderungen entgegenzustemmen kostet viel Kraft und kann den ewigen Wechsel doch nicht aufhalten. Durch Clearing tasten wir uns an den universalen Prozess des „Weg mit dem Alten, herein mit dem Neuen" heran. In selbstgewähltem Tempo gewöhnen wir uns an die natürliche Reaktion auf jede Veränderung, die Trauer. Sobald wir Gegenstände durchsortieren, stürmen Erinnerungen auf uns ein. „Das habe ich zu diesem Anlass gekauft. Das war ein Geschenk von jemandem, der inzwischen nicht mehr an meinem Leben teilnimmt." Indem wir eine Kaffeetasse weiterziehen lassen, üben wir das Umgehen mit Verlustangst und Abschiednehmen. Früher oder später wird diese Lebenskunst eingefordert. Geliebte Menschen, Tiere und Lebensumstände verlassen uns. Wenn wir uns klar machen, was wir beim Abschied von einem Gegenstand wirklich betrauern, transformieren wir Sortieren in eine heilend-ganzheitliche Therapiesitzung. Unser Clutter wird zum Psychiater und hilft uns anschaulich und ohne Worte bei einer lebensbejahenden Erneuerung des Selbst. „Steckt da noch Leben für mich drin? Bringt mich dieser Gegenstand mir selbst näher? Beseelt er mich?"

Wir wünschen uns Kontrolle, Ewigkeit, Garantien, Sicherheit. Wir bekommen das Gegenteil. Beim Clearing stellen wir uns dem Prozess immerwährender Veränderung, mit offenen Augen und blutendem Herzen. Sich für immer von Babysachen, Kinderzeichnungen oder den Hinterlassenschaften eines Verstorbenen zu trennen, ist drastische Spiegelung unserer Vergänglichkeit. So schwierig, dass sie vielleicht im Keller zwischengeparkt werden müssen. Als Erinnerung daran, wie leicht es ist, den Moment zu versäumen. Dabei haben wir doch nur das Jetztgerade! Aber Vergänglichkeit ist auch Weiterwachsen. Veränderung bedeutet Entwicklung. Nichts geht je verloren, es ändert nur die Form. Eine Formänderung ist nie destruktiv. Leben ist Werden und Tod ist Teil dieses Prozesses.

Wenn jemand stirbt, bleiben Dinge zurück. Wir nehmen Erinnerungen in die Hand, Stück für Stück, dann wenn der Schmerz es zulässt. Wenn die Kraft nur dazu reicht, alles unberührt zu lassen, brauchen wir noch Zeit. Oft wollen wir uns von etwas nicht trennen, weil wir befürchten, damit den Zugang zur Erinnerung zu verlieren. Ein Gruppenfoto von Sentimentalem kann das Loslassen erleichtern. Sobald uns bewusst wird, dass wir das Wesentliche nie verlieren, weil wir es in uns tragen, können wir Gegenstände ziehen lassen. Die mit den Dingen erworbenen Erfahrungen, die dadurch erschlossenen Gefühlsdimensionen, haben uns zu dem gemacht, was wir heute sind. Auch wenn das Symbol aus unserem Leben geht, die Essenz bleibt.

Nicht nur Kinder wachsen aus Dingen heraus, auch wir wachsen weiter. Viele Sachen passen uns nach einigen Jahren nicht mehr. Alte Gewohnheiten, alte Bekannte, alte Ansichten. Sobald wir das Hanteltraining mit Gegenständen beherrschen, verabschieden wir im nächsten Schritt überholte innere Einstellungen, die wir nur aus Unachtsamkeit im Verhaltensrepertoire überwintern ließen. Nehmen wir Weihnachten als Beispiel, Erwartungen an uns selbst und andere unter die Lupe zu nehmen. Es ist ein Angebot, eine institutionalisierte Chance, anderen Menschen unsere Wertschätzung zu zeigen. Es steht uns frei, welchen der stereotypen Erwartungshaltungen wir uns unterwerfen. Wenn sie nicht zum Wohlbefinden beitragen, weg damit. Wir leiden oft am meisten unter dem Druck, den wir uns selbst schaffen.

Besitz ist letzten Endes eine Art Missverständnis. Die Indianer konnten nicht begreifen, warum durch ein paar Striche auf einem Stück Papier die ihnen heilige Erde nun jemand anders „gehören" sollte. Wir können keinen unserer Gegenstände mitnehmen, sind vorübergehende Verwalter für Nachfolgegenerationen. In der Kunst des Loslassens üben wir, Veränderung konstruktiv zu leben. Loslassen bringt Gelassenheit – gönnen wir uns diese angenehme Nebenwirkung.

Das Clearing-Rezept für ein erfülltes Leben: aus Erfahrungen lernen und dann weitergehen. Jahrzehntelang Erfahrungen sammeln, anstatt die Erfahrung eines Jahres jahrzehntelang zu wiederholen.

Entscheidungen treffen

Entschlüsse zu fassen kostet Energie, auch wenn es nur um ein Stück Papier geht. Kurzfristig kann es einfacher sein, Dinge so zu belassen, wie sie sind. Etwas mal wieder „nur schnell hierhin" zu legen. Langfristig kleistern wir damit die Leere zu und schneiden der Freiheit den Weg ins Wohnzimmer ab. Freiheit ist anstrengend. Bei jedem Zettel zu fragen: „Will ich das noch?" nervt und trainiert eine essentielle Lebenskunst: proaktiv Entscheidungen zu treffen.

Eine der schnellstwachsenden Branchen ist die private Lagerhaltung. Sie boomt, weil wir freiwillig eine monatliche Gebühr für unsere Entschlussunfähigkeit berappen. Es macht Sinn, Saisonales wie Weihnachtsschmuck oder Sportausrüstung aufzubewahren, jede andere Auslagerung ist Vermeidungsstrategie. Denken Sie an die Spaghetti. Wohin auch immer wir unseren Clutter verstauen, er haftet an uns. Wir bleiben verantwortlich. Das Aufschieben von Entscheidungen schafft Unordnung im Kopf. Beim Clearing trainieren wir den Entscheidungsmuskel, Zettel für Zettel lernen wir zu vertrauen: Es gibt keine falschen Entscheidungen. Nur unterschiedliche Wege und Erlebnisse. In Forschung und Entwicklung werden 1000 Möglichkeiten ausprobiert, die nicht funktionieren. Um dann bei der tausendundersten den Durchbruch zu schaffen. Jede Erfahrung ist ein Erfolg. Es gibt kein Versagen, nur Feedback!

Die einzig mögliche Fehlentscheidung ist, sich ganz um Entscheidungen herumzumogeln. Wenn wir vom Agieren ins Reagieren abrutschen. Denn – schwupps – sind uns wieder zwei Jahre davongerannt und keine unserer vagen Hoffnungen in Erfüllung gegangen. Weil wir keinen Schritt darauf zu gemacht haben. Manchmal delegieren wir ganze Lebensbereiche an andere. Verantwortung an sogenannte Experten abzugeben und sich an deren Rat festzuhalten, kann ein bequemerer Weg sein, als sich langwierig eine eigene Meinung zu bilden. Überspitzt gesagt: Ärztin, Apotheke und Ernährungsberater sind für die Gesundheit zuständig und der Therapeut übernimmt den Rest.

Vorschriften zu folgen erspart uns eigene Entscheidungen. Wie viele Bücher, Telefonrechnungen oder Fotoalben „sollte man" haben? Beim Organisieren gibt es kein objektives Maß, keine allgemeingültigen Richtlinien für richtig oder falsch. Wie im richtigen Leben. Einheitsgrößen sind nicht erhältlich, zum kollektiven Drüberziehen und Ende gut, alles gut. Sie sind der wahre Experte Ihres Lebens. Niemand außer Ihnen kann festlegen: „So viel fühlt sich zu viel an, so viel zu wenig und so viel ist ideal für mich". Nur Sie selbst wissen, wie viele Bücher Sie konstruktiv und freudvoll in ihr Leben integrieren können. Das mögen fünf für Sie sein und 550 für jemand anderen. Wir selbst sind die ausschlaggebende Entscheidungsinstanz, nicht nur beim Decluttern.

Sobald wir eigenverantwortlich Entschlüsse fassen, behalten wir Selbstbestimmung in der Hand. Mit dem Annehmen dieser Verantwortung kommt die Freiheit.

Einladung in die Verantwortung

Von Ausreden wegkommen

„Keine Zeit" ist schnell als Ausrede entlarvt. Wir hatten sehr wohl die Zeit, unseren Clutter aufzustöbern, zu bestellen, zu bezahlen, heimzutragen, Lieferungen entgegenzunehmen – wir haben unser Umfeld selbst so erschaffen. Sei's auch nur durch konsequentes Nicht-Reagieren auf die Post und die Sonderangebote, die sich als ungebetene Gäste einnisten. Wir sind zu höflich, träge oder schlichtweg überfordert damit, sie wieder vor die Tür zu setzen.

Wie Seneca schon vor 2000 Jahren feststellte, ist es nicht zu wenig Zeit, die wir haben, sondern zu viel Zeit, die wir nicht nutzen. Eine halbe Stunde weniger Fernsehgucken, 20 Minuten früher aufstehen oder zahllose Gründe aufzählen, warum es uns jetzt gerade leider unmöglich ist, die Übersicht wieder zurückzubringen in unseren Papierkram, unsere Küchenschubladen und unser Leben.

Nachteil: Schuld jemand anderem in die Schuhe zu schieben (und sei's dem vielzitierten Zeitmangel) entmachtet uns. Wenn wir nicht handeln, wird einmal jemand anders über den Verbleib unserer Dinge entscheiden. Wenn die Nichte den Ring bekommen soll, der ihr immer schon so gefallen hat, müssen wir das jetzt *in die Hand nehmen*. Ein Testament aufsetzen. Sonst kommt am Ende der Container vorgefahren. Warum die Nachfahren mit unserem Clutter belasten, wenn sie schon mit Trauer zu kämpfen haben? Sobald wir Verantwortung übernehmen, lassen wir uns nicht länger fernsteuern von Umständen, Kollegen, Verpflichtungen, Kindern, Besorgungen, Chefs oder sonstigen Instanzen, denen wir zuviel Einfluss über unsere Zeit- und Energiereserven einräumen. Von den eigenen Ausreden wegzukommen, sprengt die Kramketten – mit dem Dynamit der Ehrlichkeit.

Unseren einzigartigen Weg schätzen

Sie haben gerade einen Stapel vernichtet. Nicht nur umgepflanzt, sondern richtig abgearbeitet. Wow. Die Freude währt volle zehn Sekunden, dann ist er da. „Das bisschen Papier? Ha. Nicht mal ein halber Tropfen auf dem heißen Stein. Keller, Speicher, Garage und Büro stehen noch an", höhnt der innere Kritiker. – Hören Sie nicht hin!! Stellen Sie einen Blumenstrauß mitten in die neue Freifläche hinein und spüren Sie, wie gut der Anblick tut. Wie verheißungsvoll sich dieser neugewonnene Freiraum anfühlt! Etwas Ungeklärtes wurde erledigt. Etwas Schönes ist gelungen! Ein scharf angespitzter Bleistift. Sich in ein frisch überzogenes Bett kuscheln. Durchs geputzte Fenster strahlt die Sonne herein. Unsere E-Mail unterstützt eine Menschenrechtsorganisation bei ihrer guten Sache. Morgen liegt eine nette Karte bei jemandem im Briefkasten, einfach so. – Winzige, konkrete Schritte sind erfolgreiches Energiemanagement. Sie sind der Ausweg aus einem Leben auf Sparflamme. Sie sind der Schlüssel in die Unbeschwertheit und das kraftvollste Mittel positiver Veränderung. Das Leid der Welt in der Theorie zu schultern, hilft weder uns noch der Welt. Wir vergällen uns den Moment und nehmen uns den Wind aus den Segeln, wenn wir Fortschritte ignorieren – nur weil sie nicht vom Mond aus sichtbar sind. Uns nur auf das konzentrieren, was nicht so läuft, wie es unserer Meinung nach sollte. Was fehlt. Was wir noch nicht oder nicht mehr haben. Wir lenken uns vom eigenen Weg ab, indem wir andere beäugen und uns vergleichen. Vergleichen funktioniert aber nie!

Im Clearing feiern wir unsere Errungenschaften. Es ist eine Zeit für Rückblicke. Welche Beziehungen haben wir erfolgreich aufgebaut, erneuert, beendet? Welche Traumata überstanden, durchwachsen? Wie oft hat es uns das Herz zerrissen, den Boden unter den Füßen weggezogen, wie oft sind wir untergegangen in schwarzen Fluten, die über uns zusammenschlugen? Wie oft haben wir uns wieder aufgerappelt, sind aufgetaucht, weitergegangen? Wie viel haben wir geleistet und erreicht, indem wir bis hierher durchgekommen sind und stehen, wo wir stehen? Sind, wer wir sind? – Ein unvergleichlicher Roman, voller atemberaubender Lernerfahrungen und persönlichem Wachstum.

Ihr Leben bis zum heutigen Tag gemeistert zu haben, verdient einen Nobelpreis des Alltagsheldentums. Hiermit wird Ihnen die wohlverdiente Ehrenmedaille überreicht! (– Diese Auszeichnung sofort in einer Schublade verschwinden zu lassen, ist strengstens untersagt. Bitte umhängen und vor dem Spiegel auf und ab stolzieren!)

Jedes Clearing-Erfolgserlebnis stärkt das Selbstbewusstsein. Anstatt darüber zu klagen, wie weit es noch ist, erkennen wir, wie weit wir schon gekommen sind. In der Rückschau fügen sich die Puzzleteile zusammen. Beim Clearing lernen wir, unsere Aufmerksamkeit umzulenken:

Anstatt uns darauf zu konzentrieren, was noch alles zu tun ist, freuen wir uns daran, wie viel wir schon geschafft haben. Feiern die neue Unbeschwertheit mit jedem erfolgreich ausgedünnten Aktenordner!

Was für mich ein Riesenlernerfolg ist, mag jemand anderem als Naturtalent in die Wiege gelegt worden sein. Das ändert nichts an meinem Wachstum. Es geht nie darum, andere zu übertreffen. Immer nur uns selbst. Interne Hürden zu nehmen – egal im wievielten Anlauf.

Energiemanagement als Selbstmanagement

Warum ist unser eigenes Wohlergehen Priorität, gesundes Selbstbewusstsein essentiell? Weil wir nichts geben können, wenn wir mit uns selbst auf Kriegsfuß stehen. Liebe Deinen Nächsten wie dich selbst, nicht mehr als dich selbst. Wenn wir innerlich unzufrieden sind und auf Reservebatterie laufen, können wir energetisch nur von anderen nehmen – selbst wenn wir äußerlich zu geben scheinen.

Jede zwischenmenschliche Begegnung ist ein Energieaustausch. Ein Wortwechsel strengt an oder beschwingt. Manche Menschen sind Starthilfekabel, andere wollen uns anzapfen. Welche Energien senden wir aus? Zapfsäule oder Sauger? Wenn wir uns selbst nicht annehmen, sind wir das Fass ohne Boden. Alle uns entgegengebrachte Liebe und Aufmerksamkeit wird abgesaugt ins schwarze Loch. Ohne Chance, das Herz zu erwärmen. Wie viele ausgebrannte Lampen braucht man, um ein Stadion zu erleuchten? Erst wenn wir nicht mehr Vollzeit an den eigenen Baustellen arbeiten, schöpfen wir aus der inneren Freudenquelle und strahlen Energie aus. Wie erfrischend es ist, mit einer in sich ruhenden Person Zeit zu verbringen, die im Leben da steht, wo sie sein möchte. Die keine Frustration vibriert, nicht latent gereizt ist oder aus Angst in Job oder Beziehung festklebt. Menschen, die sich ein Leben geschaffen haben, das sie mit Freude und Energie erfüllt, sind nicht gefühlsmäßig im Minus. Sie haben das Feuer im Herz nie ausgehen lassen, im Zuviel verschüttet. Wenn wir uns an eigenen Flammen wärmen, müssen wir uns nicht mehr durch andere aufladen. Indem wir nörgeln, kritisieren, kontrollieren, übergehen. Uns kritisieren, dominieren oder übergehen lassen. Aufmerksamkeit energetisiert.

Auf welche Weise luchsen wir anderen diesen kostbaren Rohstoff ab? Zu wenig reden, zu viel reden. Wahlweise die „Ich Arme/r" oder „Ich Tolle-Taktik". Die neueste Ausgabe von Pleiten, Pech und Pannen oder Folge 128 im Großtatenverzeichnis? Wir verfügen über zwei Ohren und einen Mund und dieses Design ist nicht versehentlich so gewichtet.

Viele von uns wurden dazu erzogen, Selbstaufopferung und Überverantwortlichkeit als positive Werte zu sehen. Ständige Hektik als einen Beweis, wichtig und geliebt zu sein. Solche Überzeugungen verdunkeln die Tage zum grauen Einerlei, anstatt gelebt wird überlebt. Andere können nur mit uns machen, was wir mit uns machen lassen. Aufopferung zehrt an allen Beteiligten. Alltags-Märtyrer erschöpfen nicht nur sich selbst, sondern auch alle um sie herum. Die Gehirnforschung zeigt auf: Nicht was wir sagen oder tun prägt unsere Umgebung, sondern was wir sind. Unser Sein, unsere Ausstrahlung legt die Neuronenverbindungen unserer Kinder. Schenken wir ihnen glückliche Eltern, dem Partner ein Gegenüber voller Enthusiasmus. Selbst erfüllt zu sein ist der Weg zu einer ausgeglichenen Umgebung.

Wenn unser Akku leer ist, können keine Funken überspringen – von nun an wird die To-Do Liste umgekrempelt. An erste Stelle, rot unterstrichen, mit sieben Ausrufezeichen: Lass es Dir gutgehen!!!!! Gesunder Egoismus ist kein Egoismus, er ist erfolgreiches Energie-management, von dem alle Beteiligten profitieren.

Wenn wir von Zeitmangel reden, sagen wir „mir fehlt die Ener-gie, das alleine anzupacken." Clearing bringt uns bei, Kraftreserven realistisch einzuschätzen und sinnvoll zu nutzen. Zu tun, was wir können, nicht weniger, nicht mehr. Eine Mammutsortieraktion ist energetisch verzwickter als stetige Kleinprojekte. Im Clearing ma-chen wir ausfindig, was zuviel ist, nicht gut tut. Wie wir Energielevel verantwortlich verwalten, anstatt den Schwankungen ausgeliefert zu bleiben. Welche Aktivitäten belasten uns? Routinen entwirren, Raum für Wesentliches schaffen, weniger planen. Sich nicht schul-dig fühlen, wenn wir nicht ständig beschäftigt sind, wenn nicht in jede verfügbare halbe Stunde etwas hineingepresst ist. Wir sind ein human being, kein human doing. Als Seiende am meisten Mensch! Herumhektiken ist die Gastrolle „Kopfloses Huhn". Decluttern erin-nert uns an diese Balance. Wir haben etwas gecleart, geklärt – jetzt kommt das Sein an die Reihe. Dasitzen, sich freuen. Aus dem Fens-ter schauen. Den Vogel nicht länger an uns vorbeisingen lassen.

In Ruhephasen führt der Körper notwendige Reparaturarbeiten durch. Dann haben Schönheit und Segnungen eine Chance, durch den Alltag bis zu uns vorzustoßen. Dann sehen wir, wie im Bade-wasser Schaumkontinente ineinander verschmelzen. Dann kommt das Licht bei uns an, wenn sich ein sekundenkurzer Sonnenstrahl durch Himmelsgrau mogelt.

Die Kunst des Annehmens

Wie oft wehren Sie ein Kompliment ab oder fühlen sich verpflichtet, es sofort zu erwidern? Wie gut beherrschen Sie die Kunst des würdevollen Annehmens? Wenn wir beklagen, dass nicht genug in unser Leben kommt, leiden wir unter Annahmeunfähigkeits-Syndrom. Wir sperren Gutes aus. „Ach, das wäre doch wirklich nicht nötig gewesen." Selbst zu schenken oder zu helfen ist einfacher, als sich beschenken oder helfen zu lassen. Wenn wir geben, fühlen wir uns großzügig und in Kontrolle. Beim Annehmen befürchten wir einen Machtverlust oder etwas zurückgeben zu müssen. Wir wollen uns keine künftigen Verpflichtungen aufhalsen, Erwartungshaltungen aufbauen oder bei jemandem in der Schuld stehen. „Sie hätten doch nicht so viel Geld ausgeben sollen!" Eine Abwertung des Schenkens. – Aber Schenken ist schön! Jemandem eine Freude zu machen, zündet eine Laterne im eigenen Herz an.

Deshalb überfordern wir Kinder mit Spielzeugbergen, die Vorfreude auf Leuchteaugen und Freudensprünge ist stärker als das theoretische Wissen, dass auch dieses Teil bald in den Fluten des Unbenutzten untergehen wird. Wir lieben Schenken. Wir lieben Geben. Dazu muss sich aber erstmal jemand finden, der freudestrahlend annehmen kann. Und dann wieder loslassen, um sich nicht selbst den Weg abzuschneiden. – Vielleicht Sie?

Dreijährige können noch annehmen. Und auch sonst alles. Das Schuheanziehen klappte bisher nicht – Schnee von gestern. Ein siebzehnter Versuch, mit ungebrochenem „Ich kann das alleine!"-Optimismus. Zwei Sekunden später folgt das „Hilfst du mir?" In der

Kinderwelt schließt es sich nicht aus, etwas voller Entschlusskraft anzugehen, um dann sofort um Hilfe zu bitten, falls es doch nicht klappen sollte. Sich diese unbefangene Weisheit zu erhalten, scheint eine der schwierigsten Übungen des Erwachsenwerdens. Effiziente Menschen haben keinen Selbermach-Komplex. Sich fragen trauen erfordert gesundes Selbstbewusstsein. Zuzugeben, dass man etwas nicht weiß. Sich an jemand zu wenden, der mehr kann und daher in der Situation mehr Macht hat. Eine Geschäftsfrau umschrieb das Geheimnis ihres Erfolges so: „Ich hatte nie Angst vor dem, was ich nicht wusste."

Der Freudenkiller Perfektionismus fliegt raus, symbolisiert in einer Chaos-Schublade pro Zimmer oder Stockwerk. Dort tummelt sich, was wir einfach mal wo reinpfeffern wollen. Perfektionismus ist ein Tot-Zustand, Entwicklung heißt Werden. Leben ist Austausch, es gibt keine Solisten. Alleine kommen wir nicht weit. Und schon gar nicht weiter. Andere legten unsere Wasserleitungen, brachten uns Lesen und Schreiben bei, produzieren unsere Schlafanzüge, Laptops und Eiernudeln. Sie bauen Züge und stellen sicher, dass das Licht angeht, wenn wir es anknipsen. Wie gerne, oft und lange wir die tragikomische Ich-muss-alles-alleine-machen Hauptrolle besetzen, zeigt sich bei Alltagspannen. Eine Kleinigkeit, die schiefgeht und von anderen im Handumdrehen erledigt würde. Aber für uns ist der bloße Gedanke daran schon zuviel. Bei einem platten Fahrradreifen sinkt das Herz, die guten Vorsätze beginnen. „Morgen erledige ich das. Ok, übermorgen. Am Wochenende. Spätestens!" In der Zwischenzeit bleibt das beschwerliche Vorsichherschieben. Die Alternative wäre, sich an jemand anderen zu wenden.

Die grausame Wahrheit ist, dass wir nicht alles selbst am besten können. Hilfe lauert immer und überall. Delegieren ist eine Option. Es gibt Menschen auf der Welt, denen Fahrrad flicken kein unsäglicher Graus ist. Vielleicht ist einer davon sogar mit uns befreundet? Falls nicht, gibt es immer noch die Profis. Die sitzen mit ihren Spezialwerkzeugen in ihren Spezialgeschäften und warten freundlich lächelnd darauf, uns aus der Patsche helfen zu dürfen. Geht aber nur, wenn wir uns helfen lassen. Dem hausgemachten Aufschiebedrama ein Ende bereiten, Reifen in den Kofferraum und auf zum Fahrradladen. In der Sonne sitzen, Kaffee trinken und beim Abholen die Spezialisten freudestrahlend informieren, dass sie uns das Leben gerettet haben. Alle glücklich.

Warum lehnen wir Nettgemeintes reflexartig ab? „Ach, das geht schon." Die größten Entwicklungshemmer kommen als harmlose Phrasen daher. „Das braucht's nicht." Wenn das die bisher vorherrschende Haltung der Menschheit gewesen wäre, säßen wir noch in Höhlen und nagten an rohen Knochen. Warum etwas von vornherein aus dem Leben ausschließen? „Nein danke, wir sind schon gut versichert, wohldosiert, wohltemperiert." Warum eine Hilfestellung ablehnen und sich damit eine Erfahrung oder Begegnung entgehen lassen?

„Alles kann einem Menschen genommen werden, außer der letzten menschlichen Freiheit – seine Einstellung in jeder vorgegebenen Situation zu wählen", sagte Viktor Frankl. Wir haben nicht in der Hand, was uns zustößt. Trennung, Trauer, Schmerz, Tod. Es gibt kein Leben ohne Trauma. Wir können verbittern, uns innerlich abtöten lassen vom Leid. Uns verschließen aus Angst vor weiterem Schmerz. Oder uns zu einem Diamanten schleifen lassen, der funkelnd ins Leben zurückstrahlt, was ihm widerfahren ist. Am Leid gewachsen und gereift. Inspiriert, weiter zu suchen, anders zu fragen als bisher. Grenzen und Prioritäten neu zu definieren. Je tiefer sich Schmerzfurchen ins Herz graben, desto mehr Freude kann es halten.

Wenn wir aus einem Schmerz nicht alleine herausfinden, haben wir die Wahl, Hilfe anzunehmen. Herauszufinden, welche Unterstützung uns gut tut. Akupunktur, Psychologie, Refloxologie, Heiler, Coaching, Schüsslersalze, Yoga, Homöopathie, Massage, Reiki, Astrologie, Bachblüten, Jin Shin Jyutsu, Familienstellen, Mudras, Tai Chi, Physiotherapie, Osteopathie... es gibt soviel zu entdecken, die Liste ist endlos. Probieren Sie die Speisekarte durch, irgendwann finden Sie Ihr Heilungsleibgericht. Lassen wir uns bei der Auswahl der Berater vom Bauch leiten. „Sagt mir die Persönlichkeit zu? Lebt diese Person ein Leben, das mich inspiriert?" Die besten Lehrer machen das Wissen wieder zugänglich, das längst in uns steckt. Lernen ist ein Sich-Erinnern, sagte schon Platon.

Bei der Geburt wurde uns ein Stift in die Hand gegeben. Es liegt an uns, wie wir das Buch unserer Lebensgeschichte füllen. Geschrieben wird es mit jedem Tag, der vergeht. Es heißt, am Ende werden wir alles noch einmal lesen. Freuen Sie sich schon auf die Lektüre?

Beziehungen beleben

Die Kunst des So-Sein-Lassens

Dinge sind mit Beziehungen verschweißt. „Mein Partner, meine Tochter, mein Vater... haben viel zu viel. Was soll ich tun?" – Nichts! Andere in Frieden lassen und bei sich selbst ansetzen, die eigenen aufgeschobenen Vorhaben angehen. Eine wenig faszinierende Option, zugegeben. Also doch nur noch einmal, ganz kurz!, der Versuchung erliegen und an Familienmitglied, Freund oder Kollegin herumerziehen. Subtil oder weniger subtil. Vorteil: Sobald wir andere zum Projekt machen, lenken wir uns erfolgreich von eigenen (Nicht-)Aktionen ab. Nachteil: Nörgeln bringt nix. Herummäkeln ist eine energetische Fehlinvestition. Gras wächst nicht schneller, wenn man daran zerrt. Oder ermutigend von unten nachschiebt. Das gilt auch für Menschenpflänzlein. Die eigene Reaktion ist das einzige, was wir ändern können. Anbieten, loslassen, Gutsein lassen. Es ist ungeheuer befreiend, andere nicht mehr ständig anpieksen oder aufpusten zu müssen. Es geht uns hervorragend, sobald wir den Rest des Universums einfach mal machen lassen.

Eines der wichtigsten Grundprinzipien beim Aussortieren: nichts wegwerfen, was nicht uns gehört. Wir können nie für jemand anderen entscheiden, was noch Wert für sie oder ihn hat. Nachfragen oder zusammen aussortieren, auch mit Kindern. Clutter ist Privatsphäre. Wenn wir ungefragt hereingetrampelt kommen mit Anklagen „für was brauchst du denn diesen Krempel noch?!", entstehen Konflikte. Die Unverstandenen holen verletzt zum Gegenschlag aus. Die Bei-Sich-Selbst-Anfangen-Methode ist die einzig wirksame Praktik, um

Nahestehenden den erhofften Motivationsschub zu versetzen. Die positive Energie, die wir generieren, springt über und steckt an. Sie haben ein Organisationsprojekt erfolgreich abgeschlossen, das Telefon klingelt. Ihr Vater platzt vor Stolz. „Stell dir vor, ich hab seit Ewigkeiten mal wieder den Keller ausgeräumt!" Sobald die Partner spüren, dass wir uns ehrlich auf uns selbst konzentrieren anstatt sie ‚verbessern' zu wollen, leisten sie ihren Beitrag. Wir lernen durch Resonanz in unserem Energiefeld.

Streit darüber, dass die Hab-Seligkeiten einer Person zu viel Platz beanspruchen, spiegelt ein Ungleichgewicht in der Beziehung. Ein Partner spricht von „deiner", nicht „unserer" Wohnung. Anstatt zu argumentieren, das Zuhause in ein gemeinsames Projekt verwandeln. Sind alle Bewohner gleichmäßig repräsentiert? Ist die Partnerschaft als lebendige Gegenwart erkennbar? Hat zu viel überlebt aus verflossenen Beziehungen, vergangenen Lebensabschnitten? Umschichten berichtigt die Gewichtung. Kompromisse im Bereich der Gegenstände haben weitreichende Auswirkungen. Indem wir Sachen gemeinsam besorgen oder erledigen, schaffen wir dingliches Gleichgewicht und tarieren damit Machtverhältnisse aus, verändern Beziehungen zum Positiven. Und falls wir gerade auf Partnersuche sind: Hätte er/sie Platz in unseren Schränken, unserem Leben?

Das Äußere symbolisiert das Innere nicht nur in Wohn- und Arbeitsumfeld. Der Spiegeltheorie nach sind auch die Menschen in unserer unmittelbaren Umgebung kein reiner Zufall. Wenn der Partner Dinge hortet, tun wir uns vielleicht schwer mit innerlichem Loslassen, kleben an einer Erfahrung, einer Enttäuschung. Und das wird reflektiert. Was stört uns am meisten, an wem? Werfen wir einen Blick in den psychologischen Spiegel. „Ich bin bereit, den Teil in mir loszulassen, der mich an dir aufregt." Manchmal klagen Eltern, dass die Kinder sich von keinem ihrer 250 Stofftiere trennen wollen. Lenken wir die Aufmerksamkeit auf eigenes Nicht-Loslassen um. Was horten wir? Wann haben wir uns zuletzt von etwas getrennt, eine Gewohnheit abgelegt, eine Routine verändert?

Wenn wir uns ausgeglichen fühlen, hängt unsere Laune nicht vom Verhalten anderer ab. Wir erkennen, dass es nichts mit uns zu tun hat, wenn jemand einen schlechten Tag hat und Missmut an uns auslässt. Wenn mich jemand heruntermacht, hat das mehr mit seiner/ihrer Unsicherheit oder Unausgeglichenheit zu tun, als mit mir. Diese Einsicht befreit, entlässt uns jedoch nicht völlig aus der Verantwortung. Jedes Beziehungsproblem spiegelt eine Herausforderung, der ich im Umgang mit mir selbst bisher ausgewichen bin. Unsere Beziehungen können nur so gesund sein wie wir selbst.

Manche Lebensgefährten haben sich nie wirklich kennengelernt. Sie stehen nicht in direkter Verbindung zueinander, sondern leben mit der Konditionierung des anderen. Für den einen mag Geld Sicherheit bedeuten, während es für die andere für Wachstum oder Abenteuer steht. Ohne diese unterschwelligen, grundsätzlichen Werte zu klären, sind jahrelange Streits vorprogrammiert. Letztendlich aus dem Missverständnis heraus, die Wesenheit des Gegenübers zu verkennen. Falls es uns zu eng wird in den Dramadreiecken, haben wir die Qual der Wahl zwischen verschiedensten Inspirationen und Hilfestellungen.

Erfrischen wir Beziehungen nicht nur mit dem Ende des Nörgelns, sondern lassen uns zu anderen Großtaten hinreißen! – Erweitern unser Vokabular in der Sprache der Liebe um die Ausdrucksformen, die uns am schwersten fallen: Berührung; Geschenke; Worte: eine liebevolle SMS, ein Kompliment per E-Mail, ein Liebeslied durch den Hörer, mal wieder etwas aussprechen, was wir an anderen schätzen; Zeit: ein Abend zusammen, ohne Unterbrechungen von Technologie; nette Gesten: das Reizthema jetzt nicht ansprechen; etwas tun, was wir nicht tun müssten, ohne Anerkennung einzufordern; Heimkommende mit romantischen Installationen überraschen... – Viel Spaß!

Erfolgreich Grenzen setzen

Vielleicht haben Sie einen Film im Kopf oder eine Kurzgeschichte. Sie möchten malen, wieder mehr Musik hören, laufen, eine Stiftung gründen. Die glasklarsten Zielsetzungen nützen nichts, so lange wir uns nicht den zur Umsetzung nötigen Freiraum schaffen. Sich hinten anzustellen ist kurzfristig energiesparender, als aus der Reihe zu tanzen. Es gibt aber glücklicherweise ein Mittel, das uns lehren kann, gesunde Grenzen zu setzen und Durchsetzungsfähigkeit zu entwickeln – Sie ahnen es vielleicht schon? Ja, Volltreffer: Clutter Clearing! Alltägliche Herausforderungen kommen als nette Angebote von Freundin oder Mutter daher. „Ich habe ein Regal/Sofakissen/Bild, das ich nicht mehr brauche. Möchtest du's haben?"

Wir wollen der anderen Person nichts abschlagen und Platz haben wir ja (noch), also warum nicht? Im Laufe der Jahre nimmt uns wahllos akzeptiertes Allerlei dann erst den Raum und irgendwann auch den Atem. Wir verlieren den Überblick und uns selbst aus den Augen im Sammelsurium des Angenommenen.

Wir können uns in kleinen Dosen an unsere Vorlieben zurücktasten. „Was gefällt mir wirklich? Wie möchte ich mich einrichten, wie möchte ich leben?" Sie verdienen es, sich nur mit Sachen zu umgeben, die Sie inspirieren, sich Ihre Individualität zurückzuerobern! Wir müssen nicht den Dingen anderer Asyl gewähren, nur weil wir mehr Platz haben oder ein gutes Herz. Wir müssen keine Nippes beherbergen, nur weil wir der Tante nicht weh tun wollen.

Das Training beginnt, indem wir Dinge ablehnen, die wir weder wollen noch brauchen. Lächelnd, aber bestimmt „Nein" zu sagen, wenn uns danach ist, ist eine der befreiendsten Errungenschaften der persönlichen Entwicklung. Keine Angst mehr zu haben zu verletzen, etwas zu verpassen, nicht zu genügen, nicht gut genug zu sein. Im nächsten Schritt sagen wir dann erfolgreich „Nein" zu Aufgaben, die uns andere aufbürden wollen, wir jedoch weder Zeit noch Lust haben. – Schade eigentlich. Da haben wir jahrelang an unserem Heiligenschein getüftelt. „Ich bin doch so gern immer für alle da." Leider bilden wir uns nur ein, dass die anderen ein Leuchten sehen und uns die wohlverdiente Anerkennung nicht länger vorenthalten. Die Außenwelt nimmt nur die selbstinstallierten Bleigewichte wahr, die Hängeschultern, unter denen wir tapfergequält hervorzulächeln versuchen. Weg mit dem Schein, wiedereingereiht unter die Normalsterblichen lebt es sich soviel erbaulicher!

Mithilfe des Clearing erobern wir uns Selbstbestimmtheit zurück. Anstatt vergeblich am Lebensglück anderer zu schrauben, nehmen wir das eigene in die Hand. Und laden dann mit diesem Wind in den Segeln ein auf's Sonnendeck. Den Staub von antiken Selbstbildnissen pusten, das gegenwärtige Ich kommt zum Vorschein: immer noch loyal, hilfsbereit, eine gute Tochter, Mutter und Seele – aber ohne Jammern auf hohem Niveau. Ohne Opferlämmchenkostüm, mit einem Gespür dafür, wann uns durch selbstgewählte Aktion oder Nicht-Aktion die Energie davonrinnt. Und wenn wir schon mal bei Klartext reden sind, sagen wir doch gleich noch dazu, was wir wirklich möchten. Freundlich und laut und deutlich. Es spricht sich dann bald herum, dass wir keine Katzen mehr sammeln. Dass wir uns immer über Blumen freuen, gerne Pistazienpralinen essen und nie eine Einladung ins Kino ablehnen.

Beim Wohnen reflektiert jeder Raum idealerweise nur die Aktivitäten, die dort stattfinden. Im Schlafzimmer ruhen wir uns aus. In einem Abstellraum zu schlafen ist nicht wirklich erfrischend. Wenn das Wohnzimmer auch als Büro dient, lassen Klappmöbel die Arbeit am Ende des Tages verschwinden. Der Job darf sich nicht in Form von Papier und Technikspielzeug überall breitmachen. Indem wir Gegenstände auf bestimmte Wohnbereiche begrenzen, schaffen wir ein Gleichgewicht zwischen den Lebensbereichen. Allen Bewohnern, allen Prioritäten wird Platz eingeräumt. Oft ist beispielsweise in einem Zuhause mit Kindern nichts mehr über die Eltern herauszufinden. Hobbys und zerbrechliche Lieblingsdinge sind weggeräumt, Spielzeug ist allgegenwärtig. Ein Besucher könnte genaue Aussagen über Geschlecht, Alter und Vorlieben aller Kinder treffen, während die Eltern sich in Luft aufgelöst zu haben scheinen. Das kann ein Sinnbild dafür sein, was im Leben passiert ist. Die Erwachsenen gehen in ihrer Elternrolle auf, stellen die Part-

nerschaft und sich selbst als eigenständige Personen zurück. Aber
Kinder sind keine Wegweiser. Sie sind Pfeile auf ureigener Fluglinie, unterwegs in ihre Welt hinaus. Wenn wir sie jahrzehntelang als
alleinigen Lebensmittelpunkt einzementieren, bleibt für keine der
Generationen Raum für Entwicklung. Warum sollte ein Zuhause
nur noch aus Kinderzimmern bestehen? Alle Bewohner brauchen
Bereiche, wo sie sich Interessen widmen und auftanken können –
eine Lieblingsecke als Freiraum, als Sprungbrett ins ganz und gar
Ich-selbst-sein.

Ein anderer Spiegel ist das Arbeitsumfeld, der Schreibtisch im
Büro. Eine Klientin erzählte, dass Kollegen ihren Tisch als zusätzli-
che Ablage missbrauchten und damit nicht nur äußerliche Grenzen
überschritten. Papier als interessante Herausforderung. Warum
verhalten sich die anderen (nur) mir gegenüber so? Wie muss ich
anders auftreten, um mich nicht mehr überfahren zu lassen? Niemand kann uns ein Gefühl der Unzulänglichkeit vermitteln, wenn
wir ihnen nicht die Erlaubnis dazu geben. Es ist unser Schreibtisch,
unser Leben, unsere Verantwortung.

Ein Mann um die 40 arbeitete in einer Versicherung. Erst nachdem seine Mutter verstorben war, gab er diese Laufbahn auf und
ließ sich auf seinen Traumberuf Lehrer umschulen. – Je weniger
wir auf die Zustimmung anderer angewiesen sind, desto freier sind
wir, sie zu lieben. In der Hoffnung auf Beifall lassen wir uns prä-
gen von Wünschen und Anliegen der Partner, Kinder, Freunde,
Kollegen. Bleiben auf immer Kinder unserer Eltern und möchten
auch als Erwachsene noch, dass sie mit wohlwollendem Stolz auf
unseren Lebensweg herablächeln. Die Realität gestaltet sich glück-

licherweise vielschichtiger als unser Scherenschnitt, wäre ja ein bisschen öde sonst.

Wir haben die Wahl, wie ereignisreich unser Weg verlaufen soll, wie viele der Angebote wir annehmen. Beschaulich dahinplätschern und versuchen, auf Halbmast Stürme zu umschiffen. Oder mittenreinhalten in die Wellen. Ein Leben ohne Clutter ist kein Leben, das für andere gelebt wird. Es ist ganz und gar unseres. Auf der Reise durch die Jahre bleiben wir verantwortlich, jeglicher Fernsteuerung aufmerksam entgegenzuwirken. Was klingt verheißungsvoller? „Ich war immer brav, habe allen Erwartungen entsprochen. Nur nicht meinen eigenen." – „Mein Weg war kein einfacher, kein geradliniger. Es gab Sackgassen. Streckenweise wusste ich nicht mehr, wie es weitergehen sollte. Aber ich bin ihn freudig gegangen, denn es war meiner." – Wir können niemanden glücklich machen, wenn wir es selbst nicht sind!

Wagen wir Ent-Täuschung. Erkunden die verschlungenen Gassen jenseits der Trampelpfade und folgen dem Ruf der Berufung. Den Kopf schiefgelegt zum Lauschen, bis wir die in der „Zuvielisation" untergegangenen Lockrufe wieder hören. Erinnern uns an all das, was wir ohnehin schon können.

Leben wir unser bestes Leben! Es gibt keine Generalprobe.

Bewusster leben

Klarheit und Vision

Unsere Energie folgt unseren Augen. Stapel von Ungeklärtem erschöpfen, wir bevorzugen klare Linien, die Zeitschriftenbilder der angeblichen und wirklichen Zuhause, wo alles seinen Platz hat. Das Unbehagen zu unterdrücken kostet Kräfte, die anderswo fehlen. Unbenutzer Ballast staucht den Alltag zum Hürdenlauf zusammen, gelacht wird seltener, geklagt wahlweise über Kälte, Hitze, zu viel Regen oder zu wenig Zeit. Die Freude hat keine Lust auf griesgrämige Kumpel und macht sich aus dem Staub. Unsere Stimmung bleibt Äußerlichkeiten ausgeliefert, anstatt die Sonne im Herzen zu tragen.

Oft kommen wir nicht zur Ruhe und Gegenstände nicht zur Geltung, weil soviel visuelle Konkurrenz herrscht. Keine Skulptur kann wirken, wenn sie um Aufmerksamkeit buhlen muss zwischen Clutter und sorgfältig Ausgewähltem. Das Essentielle an einer Ausstellung sind die weißen Wände, die mit Nichts gefüllten Zwischenräume. Erst dieser Freiraum erlaubt den Objekten, ihre Wirkung zu entfalten. Die folgende Übung verdeutlicht den Zusammenhang zwischen Krempel und Energiereserven. Schließen Sie kurz die Augen und geben Sie sich ein Clutter Rating zwischen eins und zehn. Eins ist alles paletti, zehn steht für alles im Argen. Schreiben Sie die Zahl auf. Dann nochmal Augen zu und diesmal eine Energiebewertung. Von eins wie Superman/woman bis zehn, nach dem Aufstehen am liebsten sofort wieder ins Bett fallen. Gibt es einen Zusammenhang zwischen den Ergebnissen?

Eine Wandergruppe watet deprimiert durch endlos strömenden Regen, Köpfe gesenkt. Plötzlich bleibt die Leiterin stehen. „Was sehen Sie?" „Schlamm, Matsch, Dreck." „Was werden Sie erzählen, wenn Sie zurückkommen? Dass Sie einen Tag lang in den Dreck geschaut haben? Wie wär's, wenn Sie den Blickwinkel wechseln? Nach oben, wo es Bäume zu sehen gibt und den Himmel. Wo die Wolken

sich jagen und die Vögel aufsteigen." Clearing kann helfen, den Fokus zu verändern. Wir lernen, unsere vertraute Umgebung wieder
bewusster wahrzunehmen. Beim Aufsperren der Wohnungstür erspüren, welche Atmosphäre uns entgegenschwingt: Gebrauchtwa-
renladen? Durchgangsstation? Endstation? Was tut sich hier, was
tut sich hier nicht? Manchmal verstellen wir Lebenshinweisschilder
mit Dingen und gehen ganz gerne ein Weilchen im selbstgestapelten
Irrgarten spazieren, weil sich der Weg nach vorne zu weit anfühlt.
Fotos sind ein Trick, um die Markierungen wieder zu finden. Auf
Bildern ertappen wir Schuhkartons, die sich auf Schränken einge-
nistet haben. Stapel, die still und heimlich in Ecken vor sich hinwu-
chern. Anstatt das Übersehen trainieren wir jetzt das Hinsehen und
Wahrnehmen. Schluss mit streunen, her mit dem Stift. Das nächste
Kapitel unserer Story wartet darauf, entworfen zu werden.

Mini-Quiz: Was haben wir alle gemeinsam? Clutter und Träume.
Das Faszinierende daran? Wir können den bewussten Umgang mit
Krempel instrumentalisieren, um unsere Visionen Wirklichkeit
werden zu lassen. Ausmisten makes your dreams come true! Wir
haben die Möglichkeit, uns das Leben zu erleichtern, hier, heute,
jetzt: eine Plastiktüte weniger. Nur die Dinge um uns zu scharen,
die einen Glücksfluss entstehen lassen, ein Gefühl zielgerichteten
Weiterkommens, Sich-Entfaltens.

Aufräumen heißt nicht umschichten. Etwas kreativ in einen neu-
en Stoß zu arrangieren, schafft noch keine Struktur. Wenn das
Aussortieren fehlt, findet kein Organisieren statt. Beim Decluttern
arbeiten wir mit dem universalen Gesetz: Wenn Altes geht, kommt
Neues. Deshalb ist es so wichtig, beim Ausräumen eine genaue

Zielvorstellung im Kopf zu haben, was wir in unser Leben einladen wollen. Stellen Sie sich vor, Sie haben eine Kiste alter Bücher aussortiert. Dann kommt das Neue – und was ist es? Eine neue Kiste alter Bücher! Unsere Priorität Nummer eins beim Sortieren: uns auf das erwünschte Neue zu konzentrieren – eine Freundschaft, berufliche Weiterentwicklung, mehr Zeit zum Lesen... Wenn wir die Essenz herausfiltern, geben wir dem Leben mehr Spielraum beim Materialisieren. Egal ob konkret oder weitgefasst, Hauptsache ein Wunsch. Mit dieser klaren Vorstellung im Kopf räumen wir dann den Schrank aus – und staunen.

Mit jeder positiven Veränderung im Äußeren erhöhen wir unseren Glücksquotienten. Alles Gute, was wir für unser Zuhause tun, tun wir für uns selbst. Es ist sehr inspirierend, Wünsche in symbolische Aktionen zu übersetzen. Gesundheit einladen in das beim Clearen des Medizinschränkchens entstandene Vakuum. Wenn wir uns nach mehr Freiheit sehnen, als ersten Schritt ein Arbeitszimmer, in dem man sich ungehindert bewegen kann. Ein Zuhause, wo wir uns jederzeit über spontanen Besuch freuen.

Im täglichen Routineneinerlei die größeren Zusammenhänge nicht aus den Augen zu verlieren, ist keine leichte Übung. Wenn keine Kraft für Zukunftspläne und Visionen bleibt, werden wir zu Gewohnheitstieren. Es ist nichts gegen diese Kreatürchen einzuwenden, solange sie praktische Routinenhelfer bleiben, die das Zähneputzen und Autofahren automatisieren und uns ein: „Wie war das nochmal mit dem Händewaschen? Ach ja, erstmal die Seife..." ersparen. Sie klimmen jedoch hastdunichtgesehen aus ihrem Platz im Kofferraum unseres Lebens nach vorn und übernehmen das Steuer. Und dann ist Schluss mit lustig. Gewohnheitstiere leben an der Oberfläche. Sie klettern nie hoch genug, um eine atemberaubende Aussicht in mögliche Abenteuer der nächsten Jahre zu genießen. Sie krabbeln lieber im Altbekannten herum und paddeln im Seichten. Das ist übersichtlicher und weniger furchteinflößend, als in die Tiefen des Lebensozeans abzutauchen.

Phasenweise verlaufen wir uns in ein Leben, das nicht mehr viel mit uns zu tun hat. Wachen auf in einem Job oder einer Beziehung, die uns nichts angehen. Wenn wir uns momentan nicht im Klaren über Prioritäten sind, wünschen wir uns einfach mehr Durchblick, wenn etwas Altes geht. Die Inspiration für den nächsten Schritt aus dem Nebel kommt dann beim Durchblättern einer Zeitschrift oder einem zufällig mitgehörten Gespräch im Zug.

Clearing wirft uns auf Wesentliches zurück. Weniger Blockaden, weniger Betäubung, weniger Flucht. Klarheit ermöglicht Kurskorrekturen. Ein Flugzeug weicht 90% der Zeit vom Ziel ab. Es kommt an, weil es seine Ausrichtung konstant berichtigt und neu anpasst. Vision verhindert, dass unser Sein ins Leere geht. Wenn es kein Ziel gibt, kann man sich nicht darauf zubewegen, nicht mal im Schneckentempo. Dann geht es uns wie dem Bauern, der stolz seine weitläufige Maschinenhalle präsentiert, voll mit den prächtigsten Geräten. Als er nach der Ernte gefragt wird, herrscht betretenes Schweigen. Abgelenkt vom glitzernden Fuhrpark, hatte er das Säen vergessen. Und nun gibt es nichts zu ernten. – Was säen Sie? Was möchten Sie ernten?

Gelassenheit statt Angst

Mit der „Das könnte ich ja noch irgendwann mal...“-Philosophie
sagen wir „ich traue dem Leben nicht. In Zukunft wird es mir an etwas fehlen. Ich weiß, ich werde ohne Reservedosenöffner dastehen,
wenn ich einen brauche." Energetische Wellen einer generationen-
alten Angst vor Mangel schwingen durch ins Heute. Aber wir können uns umstimmen, neu einschwingen auf Vertrauensfrequenzen.
Nur zwei Grundformen der Angst sind angeboren, installiert als Le-
bensretter: Angst vor Fallen aus großer Höhe und vor unbekanntem
Lärm. Alle anderen sind später antrainiert. Die Furcht vor Erniedri-
gung oder Demütigung beeinflusst unser Verhalten am stärksten.

Angst ist die grassierendste Epidemie unserer Zeit. Denn rein statistisch gesehen leben wir länger als je zuvor. Tod durch Krankheit
ist auf dem niedrigsten Stand in der Geschichte der Menschheit;
gleiches gilt für erfasste Verbrechen. Das globale Pro-Kopf-Ein-
kommen war nie höher, Kriege und Bürgerkriege gehen zurück. Es
gibt heute mehr als fünfmal so viele demokratische Nationen wie
noch 1950. Dennoch das Sehnen nach der angeblich guten alten
Zeit. Warum? Der Höhlenmensch in uns ist schuld! Wir reagieren weiterhin instinktiv auf Ereignisse, weil diese Reaktionsweise
Jägern und Sammlern das Gefressenwerden ersparte. Das Unty-
pische könnte bedrohlich sein, wir fürchten alles, was wir nicht
kennen. Überlegung bleibt erstmal außen vor. Das Unterbewusst-
sein kann nicht unterscheiden, ob ein Ereignis real oder fiktiv ist.
Deshalb glauben wir an die Gefahr eines erneuten Tsunamis, auch
wenn wir statistisch fünfmal Lottomillionen gewinnen, ehe unsere
Zehen nass werden. Die Biologie ist nicht unsere einzige Heraus-

forderung, auch mangelnde Logik spielt mit. Würden wir uns um ein angebliches neues Krebsrisiko sorgen, wenn es 1:10 Millionen wäre? Die Umfragen sagen ja. Obwohl es wahrscheinlicher ist, vom Blitz erschlagen zu werden. Wir hinterfragen Medienberichte zu selten. Pauschalaussagen wie „in Zukunft werden mehr Menschen an Krebs erkranken" sind so nur richtig, weil es insgesamt immer mehr Menschen gibt, die immer länger leben und Alter der größte Risikofaktor ist. Die Fälle, wo die Krankheit tödlich endet, gehen zurück.

Bei der Informationsverarbeitung tendieren wir dazu, Fakten zu vernachlässigen und uns stattdessen emotional zu verausgaben. Wir nehmen Risiko gern persönlich. Die Medien konzentrieren sich auf beängstigende, aber relative Risiken. Eine mäßige Bedrohung gibt nur eine ebensolche Meldung her. Auch andere haben Interesse daran, Angst nicht zu vermindern. Budgets von Sicherheitsdiensten oder Bereichen der Wissenschaft könnten gekürzt werden, wenn nicht die Alarmglocken immer mal wieder klingelten. Versicherungen oder Umweltschutzorganisationen malen Fakten in dramatischen, da für sie lukrativeren Bildern. Es ist keine Überraschung, dass viele Leute viel Angst haben. Aber wir können aus dem Loop aussteigen, mit einer Medienklarsichtbrille und der Bereitschaft, zwischen den Zeilen zu lesen. Durch Akzeptanz der Tatsache, dass unsere Reaktion unterbewusst und daher unkorrekt oder einseitig sein kann.

Müssen Nachrichten Katastrophen beinhalten, um sich als nachrichtenswert zu qualifizieren? Warum sind gute Neuigkeiten weniger berichtenswert? Es gibt Ansätze, diese Verzerrung auszugleichen. In England erscheint ein Good News-Paper, internationale Webseiten widmen sich den vielen ermutigenden Entwicklungen. Aus jeder Katastrophe entspringen Hilfsbereitschaft und Menschlichkeit. Der Fokus macht's. Durch Clearing schulen wir uns von einer Furchtgrundhaltung auf eine dem Leben vertrauende um. Dinge nur aus Zukunftsangst zu horten, bringt Blockaden statt der erhofften sicheren Geborgenheit. Wir erschaffen unsere Realität durch unsere Denkmuster. Durch Clearing können wir Zuversicht als neues Lebensgefühl kultivieren! „Falls ich sowas wieder benötigen sollte, wird mir das Leben etwas Besseres zur Verfügung stellen." Beim Schubladenausräumen der Angst ins Gesicht sehen, die versucht, uns einzuschüchtern. „Du findest garantiert nie wieder so einen Stift / Knopf / Hosengummi." Da klopft schon die nächste an, wir halten das verwaiste Kabel noch unschlüssig in der Hand. Keine Ahnung wo das dazugehört, wurde noch nie benutzt. „Wirf das sicherheitshalber in die Mottenkiste zurück. Man weiß ja nie. Sicher ist sicher." Angst wird weniger, sobald wir sie direkt anschauen. Vor was fürchte ich mich hier wirklich? „Wenn ich das Blatt Papier wegwerfe, werde ich nie wieder an diese Information herankommen. In meinem Job versagen, Kündigung. Selbstständigkeit endet in der Pleite. Kein Geld mehr, keine Wohnung, nichts mehr zu essen. Tod. Aus." Wenn wir uns an der Angstkette ein paarmal bis zum Ende entlanghangeln, fällt auf, dass nur der Anfang variiert. Das Ende ist immer die gleiche Leier: „Wenn ich das jetzt weggebe, habe ich es nicht mehr. Ich werde nichts anderes dafür bekommen. Schließlich alles verlieren. Verhungern. Sterben."

Essen wir uns versuchsweise durch Vorräte, im Vertrauen darauf, dass man ohne dreifache Sicherungsseile und doppelte Böden beschwingter vorankommt. Wie lange werden wir satt? Und dann gleich noch alle anderen Vorratskammern inspizieren, die in Küche, Bad, Büro... Platz wegnehmen. Wie viele eiserne Reserven sind gehamstert? Duschgels, Putzmittel, Schreibwaren, Ersatzschrauben? (Man weiß ja...) Vom erfolgreichen Loslassen der Reserveteelöffel geschult und gestärkt, fühlen wir uns dann mit der Zeit stark genug, unübersichtlicheren Dämonen gegenüber zu treten.

Angst ist so destruktiv, weil sie Großzügigkeit abtötet. Solange wir insgeheim befürchten, selbst nicht genug zu bekommen – während sich der Beweis des Gegenteils um uns herum auftürmt – können wir nie wirklich teilen. Nur vergleichsweise kümmerliche Almosen geben. Es ist eine moralische Verpflichtung, die gedankliche Armutsmentalität zu überwinden. Unser Planet hat die Ressourcen, uns alle zu ernähren. Es scheitert an der Verteilung. Durch Clearing können wir uns an eine unneurotischere Einstellung zu Gütern und Geld herantasten. Niemand wird wohlhabender dadurch, dass man selbst wenig hat. Je mehr wir haben, desto mehr können wir (weg)geben!

Eine Geschichte dazu: Traditionsgemäß beschenkt eine Familie an Weihnachten auch Hund, Katze und die Vögel im Garten mit einer Leckerei. Während sie Wurst und Getreide verteilen, werden sie nachdenklich. Wir geben den Tieren Leckerbissen und andere Menschen haben nicht genug zu essen für sich und ihre Kinder. Sie beschließen, etwas zu spenden. Das Mädchen leert ihre Spardose auf den Tisch und steuert den gesamten Inhalt bei. Die Eltern wollen ein paar Hunderter dazu geben. Die Kleine protestiert, das täte ihnen ja gar nicht weh. Der Vater fragt nach und sie erklärt: „Ich habe auf einen Puppenherd gespart, ich hätte ihn mir sehr bald kaufen können. Aber jetzt verzichte ich erstmal darauf – und das tut weh!" Die Eltern überlegen, was für sie einen Einschnitt bedeuten würde und spenden das für den Einbau einer Sauna geplante Geld. – Selbst temporärer Verzicht kann positiv zu unserem Lebensgefühl beitragen, wenn wir dadurch als selbstverständlich Übersehenes wieder wahrnehmen.

„Zu viel" wegzugeben ist glücklicherweise unmöglich! Gesetz des Universums: je mehr wir geben, desto mehr bekommen wir. – Nur wer nie etwas herausrückt, muss sich wundern, warum das Füllhorn immer über anderen ausgeschüttet wird. Das gilt nicht nur für Gegenstände, sondern genauso für Nicht-Materielles: Aufmerksamkeit, Anerkennung, Zeit. Wir laden etwas in unser Leben ein, indem wir es selbst geben. Langzeit-Kursteilnehmer berichten immer wieder: sobald man auf den Geschmack kommt, wie gut es sich anfühlt, Tüten aus dem Haus zu tragen, streift man ruhelos durch die Wohnung, auf der Suche nach dem nächsten Teil, das sich überlebt hat. Das Hoch des Loslassens macht zum Wiederholungstäter!

Angst ist ein biologischer Schutzmechanismus und an sich weder gut noch schlecht. Sie begleitet uns solange wir wachsen. Sobald wir uns aus dem Fenster lehnen, etwas wagen, klopft sie an. Sie ist eine Leuchtrakete, die die vielversprechendsten Routen aufblitzen lässt. Ein Ent-Wicklungsanzeiger. Lassen wir sie als bewusstseinserweiternde Begleiterin an unserem Leben teilnehmen, aber nicht zur Bremse werden. Sobald wir Angst nachgeben, weil wir glauben uns schützen zu müssen, schränken wir uns selbst ein.

Das Leben ist ein Fest. Unser Name steht auf der Gästeliste. Hingehen müssen wir selbst.

Keine Angst vor der Angst! Der einzige Weg sie loszuwerden, ist, genau das zu tun, wovor wir uns fürchten. Ein Risiko pro Tag. Es schmeckt uns vielleicht nicht, trotzdem im Restaurant das bisher Unversuchte bestellen. Sie steht uns vielleicht nicht, trotzdem die neue Frisur riskieren. Sie lieben uns vielleicht nicht zurück, trotzdem jemanden ansprechen. Es gelingt uns vielleicht nicht, trotzdem das Rezept austesten. Sie drehen sich vielleicht weg, trotzdem jemanden anlächeln. Sich ein Herz fassen, allen Mut zusammen nehmen und verwegen über den eigenen Schatten springen, ins etwaige Glück! Sich eine Lebenshaltung erclearen, die sich an Mini-Risiken belebt. Die nicht ins lauwarme Warum?-Credo einstimmt, sondern ausruft: Warum nicht??!

Ein Schiff ist am sichersten, solange es im Hafen dümpelt. Dafür wurde es aber nicht gebaut. Wir bereuen im Nachhinein am meisten, was wir nicht getan haben. Handbremse raus und los!

Intuition entwickeln

Wir sind von klein auf trainiert, Entscheidungen mit dem Kopf zu treffen. Leider ist unser Gehirn nicht das verlässlichste aller Instrumente – wie alle wissen, die schon mal eine Kiste ausgeräumt haben. Sofort stürmen Gedanken und die damit verbundenen Gefühle auf uns ein. Sobald wir uns auf die wirr-chaotische Radiosendung im Kopf einlassen, geht Klarheit im Rauschen der Assoziationen unter.

Clearing ist eine wunderbar konkrete Schule, vom rein Kopfgesteuerten wegzukommen und sich auf eine zuverlässigere Entscheidungsinstanz zu besinnen: das Gefühl im Bauch. Intuition ist ein uns allen zur Verfügung gestelltes Naturtalent. Wir haben die Fühler, wir fahren sie nur zu selten aus. Inspiration kommt, wenn wir sie durchlassen können. Wenn wir nicht blockieren, fallen uns Dinge auf und dann ein. Clearing ist Wiederbelebungstraining für den sechsten Sinn, jede Sortieraktion Mund-zu-Mund-Beatmung für unsere Intuition! Ersten Gegenstand in die Hand nehmen, Gehirn abschalten. Geht er oder bleibt er? Anschauen, nachfühlen. Sendet der Bauch ein energiebringendes, freudestrahlendes „Aah!"? Oder ein In-Sich-Zusammensacken, mit einem „Uff"...? Bauchmuskeltraining der anderen Art. Wir tasten uns wieder heran an brachliegendes Wissen „lädt dieser Gegenstand mich positiv auf? Was fühlt sich gut und richtig an für mich? Was sind meine Prioritäten?"

Gefühle sind die Sprache der Seele. Durch Clearing entwickeln wir ein Gespür für die Energie in und hinter Allem. Nach dem Anfängerlehrgang mit Objekten geht es weiter. „Welche Worte, Fotos, Filme, Personen, Gedanken, Gespräche, Musik, Konzepte, Gefühle, Handlungsweisen... geben mir Energie?" Der Bauch als Kompass. „Mache ich etwas nur, um irgendwann mal etwas anderes damit zu erreichen? Oder tu ich's, weil es sich schon jetzt gut anfühlt?"

Unsere innere Stimme ist immer eine Friedensbotin. Wann bittet sie um Aufmerksamkeit? Wenn wir uns den siebten Kaffee gönnen, aber die frischen Erdbeeren versagen. Unaufgeregt geraunte Winzigkeiten sind ihre Spezialität. „Geh mal hier rein. Setz dich da drüben hin." Manchmal empfiehlt sie, sich auf die Zunge zu beißen. „Sag das jetzt nicht. Oder nicht so." Gelegentlich fordert sie uns heraus, die Sonne anzuknipsen. Zu ermutigen, Anerkennung nicht vorzuenthalten. „Schönen Gruß an die Küche, das Essen war superlecker. Und der Service exzellent, wie immer. – Sag der Kollegin, dass ihr diese Farbe steht." Wir bekommen Impulse für Nettigkeiten, die einfach wegzulassen wären. Wenn wir die Kraft haben, sie auszuführen, schnellt das Lebensthermometer aller Beteiligten um viele Grade nach oben. In eine angenehme Wärme.

Wir tragen Erfahrungen als Teile unserer Persönlichkeit in uns herum und sind oft nur rein äußerlich ein erwachsenes Ganzes. Beim Clearing lernen wir unsere inneren Stimmen und deren Charaktere kennen. Spricht gerade die ewige Besserwisserin? Unser angstgeplagter Geizkragen? Das innere Kind? Der Saboteur? Wenn uns der Geizkragen zuflüstert, wir sollten doch nicht so viel Geld für ein Geschenk ausgeben oder unauffällig am Hut des Straßenmusikers vorbeispurten, lächeln wir freundlich in uns hinein und sagen uns und ihm vor: „Je mehr ich gebe, desto mehr bekomme ich – Gesetz des Universums! Also mach dir mal keine Sorgen."

Wann sind wir erwachsen? Reife als Ausgewogenheit zwischen Wagemut und Überlegung, richtig dosiertes Draufgängertum. Dem Schritt ist das Federn nicht abhanden gekommen, der Schalk darf weiterhin aus den Augen blitzen. Wir haben Courage und Unerschrockenheit nicht an der Garderobe abgegeben, sondern schalten das Hirn dazu. Intuition und Intellekt bilden ein gut eingespieltes Team, unser Selbstbewusstsein beruht auf persönlicher Integrität, muss den eigenen Wert nicht mehr beweisen. Weder anderen, noch uns selbst. Wir sind frei, wenn wir wissen, was uns gut tut und was nicht, und uns entsprechend verhalten. Wenn die inneren Botschaften so klar werden, dass die Meinungen im Äußeren uns nicht mehr verwirren. Wenn wir nicht mehr selbst Zentrum des Universums sein müssen, uns das Tun oder Unterlassen anderer nicht mehr aus der Ruhe bringt. Wenn wir Wahrhaftigkeit und Klarheit suchen, anstatt sie zu fürchten. Wahrheit ist befreiend. Sie ist eine Kraft, die das Leben im Guten vorantreibt.

Geduld und Disziplin

Clutter Clearing hört nie auf. Zum Glück! Sonst nähmen ja auch die positiven Nebenwirkungen ein Ende. Konsequente Aktion ist gefragt. Lieber immer wieder mal zehn Minuten als am Wochenende eine (dann doch immer wieder aufgeschobene) Gewalttour. Jahrelang Angehäuftes lässt sich nicht an einem Nachmittag wegsortieren. Wenn wir den Kleiderschrank zum dritten Mal angehen, obwohl wir doch gehofft hatten, alles in einer einzigen Aktion über die Bühne zu bringen, lernen wir die nächsten Angehörigen der Kreativität kennen: Disziplin und Geduld. Tun was wir können, mit dem was wir haben, wo wir gerade stehen. Einen Ordner auflösen, zum Hörer greifen, nein sagen, ja sagen. Realistisch sein.

Die wichtigste erneuerbare Energie ist der Optimismus! Produziert durch die ZAW-Technik: Z wie Zulassen. Sich Glücksmomente erlauben. A wie Anfangen: Was kann ich hier und jetzt tun? Schließlich: Weitermachen. Nie aufgeben, dranbleiben. Den Papierstalagmiten in der siebzehnten Session demolieren. Konsequente kleine Veränderungen, immer neue Minischritte in die gewünschte Richtung führen auf die Triumphstraße.

Ein inspirierender Erlebnisbericht: „Als ich Schritt für Schritt die Räume durcharbeitete, war ich erstaunt, was ich alles fand. Ich konnte gar nicht glauben, was ich alles aufgehoben hatte. Jedesmal, wenn ich etwas wegwarf, stellte ich mir vor, dass ich etwas Altes loslasse, das mich nur einengt. Mit der Zeit, als ich weniger und weniger Clutter beherbergte, fiel mir auf, dass ich mehr Raum hatte für Freunde, Erfahrungen, neue Möglichkeiten... So oft hat das Loslassen einer Kiste alter Bücher oder Ordner zu einem neuen Geschäftskontakt oder einer neuen Freundschaft geführt. Mein Zuhause zu decluttern, war ein einjähriger Prozess, der mein Leben komplett verändert hat. Ich hatte mich so daran gewöhnt, belohnt zu werden, wenn ich ein Ding voller alter Energie losließ, dass es eine Art Spiel wurde."

Wir lieben die Lebensabschnitte, wo es vorwärts geht im Sauseschritt, die Erfolge sich an der Tür drängeln und die Atmosphäre nur so knistert vor neuen Entwicklungen. Clearing kann uns lehren, auch das Plateau schätzen zu lernen. Gelerntes assimilieren, einfach mal in aller Ruhe auf der Stelle treten und erkennen, dass der Weg das Ziel ist. Einen Moment lang erspüren, was Kleinkinder noch nicht vergessen haben: im Augenblick zu bleiben, bei sich zu bleiben. Natürlich exerzieren sie uns das gerade dann bilderbuchmäßig vor, wenn wir es mal wieder besonders eilig haben. Der Weg ist das Ziel, ja klar, aber „Komm jetzt endlich!!" Wir treiben das Kind weiter, selbst weitergetrieben von im Kopf ratternden Endloslisten. Der Knirps kostet uns den letzten Nerv, legt 500 Meter in einer halben Stunde zurück. Sich beeilen geht aber nicht, wenn man jeden Stock am Wegrand begutachtet, kein Steinchen übersieht, alles aufheben und anfassen muss und auch mal wieder umdreht. Sich einfach nicht davon ablenken lässt, wo man in einer Stunde schon wieder sein sollte.

IV Gewusst wie! Die Praxis

Sie sind wahrscheinlich überzeugt davon, die oder der Einzige zu sein, die jemals Fotos oder Kleidungsstücke zu einer großangelegten Sortieraktion herauskramten und sorgfältig auf dem Boden verstreuten. Nur um dann zwanzig Minuten später alles entnervt zurückzustopfen. Aber das geht uns allen so, wenn das Projekt zu bombastisch angelegt ist. Wir unterschätzen die Macht der Gegenstände, überschätzen eigene Energiereserven, stürzen uns kopfüber ins wogende Erinnerungsmeer und gehen unter. Wild am Paddeln senden wir das SOS, raus hier. Die Gefühlsfluten lassen sich nur noch durch schleunigstes Wegpacken eindämmen. Dinge maskieren sich als harmlose Alltagsgegenstände, sind aber Platzhalter für komplex Vertracktes.

Also – wo anfangen, wie weitermachen? Wie lange dauert ein Anfang? „Am Samstag mache ich dann mal den Keller." Wochenende kommt und geht und der Keller hat mal wieder gegen Biergarten oder Fernseher verloren. Der Trick ist, klein anzufangen, einen überschaubaren Bereich in Angriff zu nehmen: einen einzigen Ordner, ein halbes Regalfach – nicht mehr. Sich die zehn Minuten zu gönnen, sie aus- und dann wieder sinnvoll einzuräumen. Das Gefühl zu genießen, den Überblick zurückzugewinnen, sich neue Klarheit zu reorganisieren!

Wo wir anfangen, ist nicht wichtig. Keine kostbare Zeit mit Hin- und Herüberlegen vergeuden. Kommode, Küche oder Keller? Überall ist gut. Eine Entscheidungshilfe kann das Feng Shui Bagua (siehe Bonustrack Seite 126) sein. In welchem Lebensbereich hakt es momentan, dann beispielsweise in der Karriere- oder Beziehungsecke starten. Alternativ in einer Störzone beginnen, das sind die Bereiche, die uns am meisten ärgern. Klassiker sind unter der Spüle oder am mit Papierkram übersäten Esstisch. Da steckt geballte Energie drin fest. Oder an den für uns leichtesten Punkten loslegen.

Vielleicht möchten Sie einen symbolischen Anfang wählen? Der Keller steht für Vergangenes und Unbewusstes, der Speicher für Zukunft, Selbstentfaltung und das Streben nach Höherem. Wo liegt Ihre momentane Priorität oder größte Blockade?

Der zweite Stolperstein nach dem Wo ist das Wann. Wann ist der beste Zeitpunkt? Immer. Würden wir uns mit einer Freundin für „Irgendwann mal am Wochenende" oder „Wenn ich mal Zeit habe" verabreden? Machen wir auch mit uns selbst einen Termin aus und tragen uns die ersten zehn Minuten in den Kalender ein, Montag um halb acht. Und dann gehen wir hin. Verweisen die Fantasien von der freien Woche, in der dann alles perfekt erledigt wird, ein für alle mal ins Reich der Utopie und entlarven die adretten Gründlichkeitsargumente – „Wenn, dann möchte ich es schon richtig machen" – als fadenscheinige Ausreden. Perfektionismus ist ein Aktionshemmer. Gestehen wir uns ein, dass der dringende Wunsch nach dem zusammenhängenden Zeitblock nur die Untätigkeit verlängert. „Im Urlaub denke ich dann mal in Ruhe über alles nach." Jaa, ja. Das richtige Leben stellt sich nicht hinten an und wartet geduldig auf die Ferien. Es pulsiert in Intervallen. Eine einzige Woche bietet mehr als 1000 Möglichkeiten für einen zehn Minuten Kurztermin. Halten wir's mit Micky Maus: It's a brandnew day – what are you waiting for?!

Jede Stimmung ist ideal, um ein Clearing-Projekt anzupacken. Rumsitzen und auf die richtige Laune warten, zählt nicht. Wenn es keine unserer Lieblingsbeschäftigungen ist, die To-Do-Liste durch Kürzerstreichen abzuspecken, kommt diese ausgebüchste passende Gemütsverfassung auch dann nicht über uns, wenn wir noch zwei Wochen geduldig warten. Gerade wenn die Tränen runterlaufen oder wir vor Wut platzen, fliegt unnützer Krempel viel leichter raus. Hilft, Dampf abzulassen. Clearing wirkt sich positiv auf jeglichen Gemütszustand aus.

Für die Verabredung mit Kiste und Stapel alle Motivationsreserven mobilisieren: Lieblingsklamotten überstülpen, von Musik beflügeln lassen und sich selbst bestechen – Belohnungen winken während (bei Halbzeit gibt's was Leckeres) und nach erfolgreich erledigtem Projekt (Kinobesuch). Was funktioniert am besten? „Sortiere ich am liebsten im Stehen oder flutscht es besonders gut, wenn ich am Boden sitze oder mich mit meinem Kram aufs Sofa verkrümle?" Sie sind Experte. Wenn wir anderen von ehrgeizigen Großaktionen erzählen, verringert das die Gefahr des Kneifens in letzter Minute. Dafür ein paar Kisten oder Tüten vorbereiten: Müll, Recycling, Weiterverschenken, Erledigen (reparieren, reinigen lassen, zurückgeben).

In die Transit Box kommt alles Verirrte, das sich auf Wanderschaft begeben hat. Wir tragen den Korkenzieher nicht gleich in die Küche zurück – um dort dann nur schnell einen Kaffee zu machen und damit aus dem Rhythmus zu kommen. Erst am Ende werden alle Stücke, die sich verlaufen haben, an ihren Platz zurück gebracht. So gibt's keine willkommenen Unterbrechungen, die Ablenkung lauert erfolglos auf uns als Opfer.

Eine Dilemma-Kiste hilft bei Dilemmata. Ehe wir uns in mentale Uuh-Äh-Weiß-Nicht-Debatten verheddern, segelt das Teil kurzerhand dahinein. Die Urteilsfindung passiert dann wie von selbst. Wenn wir das Objekt nach zwei Stunden herauskramen, mit fliegenden Fingern und bebendem Herzen, es an uns drücken und tränenüberströmt ausrufen: „Wie konnte ich nur ohne dich leben?!?" – Klarer Fall. Wenn wir uns nach zwei Wochen beim besten Willen nicht mehr erinnern können, was nochmal in dieser Kiste...? – hat sich die Entscheidung ebenfalls von selbst erledigt.

Dann geht's ans Handarbeiten. Stück für Stück unterzieht sich dem Clutter-Test: „Mag ich das? Benutze ich es?" Mit jedem Objekt auf dem Prüfstand entfernen wir uns weiter von der Oberfläche, vom „wo hebe ich das auf?" und dringen vor zum tiefgründig komplizierteren „warum habe ich das? Was hat dieses Teil noch mit mir zu tun?" Das Gipfelstürmen beginnt, neue Ein- und Aussichten locken. Bergführer sind Sachen, von denen wir gar nicht mehr wussten, dass sie da sind. Das wichtigste Prinzip beim Auf- und Ausräumen: immer von innen nach außen. Erst muss alles raus. Schrittweise Platz geschaffen werden für die Dinge und Dokumente, die bleiben dürfen, aber momentan ein Nomadendasein fristen. Bevor die Klarheit sich wie Phoenix aus den Haufen emporschwingt, wird's erstmal chaotischer, also keinesfalls alles auf einmal herausreißen. Mit den Sachen anfangen, die leichter fallen (alte Zeitschriften?) und sich dann langsam hocharbeiten zu kniffligeren Herausforderungen wie Geschenken oder Fotos.

Wollten Sie schon lange mal eine Rezepte-, Reise- oder Gesundheitsakte anlegen – ist aber schon alles voller Ordner? Wahrscheinlich besetzen Dinosaurier aus der Studienzeit das gesamte unterste

Fach. Oder wir hängen an den Steinzeitrelikten unserer bewegten Vergangenheit als Umweltschutzaktivistin oder Elternbeiratsvorsitzender. „Das war so eine schöne Zeit. Zu meiner Zeit..." – Unsere Zeit läuft noch. Altes blockiert Neues. Sammlungen auf ein ‚Best of' abspecken: aus sieben mach drei, aus drei mach eins – et voilá, da ist der Platz für Neues! Liegt der Schwerpunkt auf Erinnerungen oder einer freudig gelebten, verheißungsvollen Gegenwart?

Dinge in Kartons sind von vorneherein hochverdächtig. Wie sind die da hineingeraten? Wohl weil die besten Plätze in der Wohnung schon mit Geschätzterem belegt sind. Unfreiwillige Kistenexilanten aus dem Dunkel befreien und wieder miteinbeziehen ins Leben. Oder ziehen lassen zu jemandem, der genau das damit tun wird.

An freigeräumte Leere müssen wir uns schrittweise gewöhnen. Sie kann sich eine Nummer zu groß anfühlen, beängstigend schwerelos. Solange man feststeckt, kann man in keine Abgründe stürzen. Krempelmauern abtragen ist Schutzpolsterentzug, wir kicken uns die Krücken weg. – Beim Clearing gehen die Uhren anders. Da zählt nur eine Uhr, und das ist die innere. Geduldig jedes Stück, jedes Blatt Papier in die Hand nehmen, sich verabschieden oder freudebringend in den Alltag integrieren. Keine überstürzten Gewaltaktionen: auch wenn es momentan erleichternd wäre, nichts kistenweise unbesehen wegkippen. Sonst kleben wir mental für den Rest unseres Lebens daran fest. „War da etwa ... drin?"

Während des Clearings neu organisieren, jedes Ding bekommt einen festen Platz, oft Benutztes an die am leichtesten zugänglichen Stellen. Wie viele Langstrecken legen wir zurück, vom Waschmittel zur Maschine, vom Tonträger zum Abspielgerät? Ähnliches darf zusammen wohnen.

Wenn uns Gefühle aus dem Konzept bringen, kurz in die Vogelperpektive wechseln. Eine Klientin erzählte, wie sie eines Nachts jäh erwachte. Im Haus war Feuer ausgebrochen. Ihr Mann packte ein Kind und die Dokumentenmappe. Sie nahm das andere Kind auf den Arm, eine Hand war noch frei. Sie ließ den Blick schweifen, Sekundenbruchteile. „Was nehme ich noch mit?" – und wusste plötzlich: „Ich habe alles, was ich brauche."

Was würden Sie mit bloßen Händen ins Freie retten? Auf eine Flucht mitnehmen?

Kleider machen Leute

Wir tragen 20% unserer Garderobe 80% der Zeit. Das heißt: Wir ziehen das meiste so gut wie nie an. Auch Kleidung erzählt Geschichten, spiegelt unseren Lebensweg, markiert Trauerphasen und Hoch-Zeiten. Warum die Kostüme vergangener Vorstellungen mit uns herumschleppen, während wir längst die Hauptrolle in einer neuen spielen? Ein Schrank ist kein Museum. Geliebte Erinnerungen behalten, mit ungetragenen Klamotten anderen Freude bereiten.

Kleidung, in der wir uns nicht wohlfühlen, ist ein Energieleck. Sobald wir überlegen, was wohl andere denken, verlieren wir Lebenssaft. Wir zupfen an uns herum, sorgen uns, ob das richtig sitzt, hoch- oder runtergerutscht ist, spannt, der Saum vorguckt, was durchscheint..? Durch Löcher und Flecken verpassen wir uns ein Unsicherheitskostüm. Wenn sich Kleidungsstücke müde und aus-

gelaugt anfühlen, färbt das auf uns ab. Solche Energieverschwendung lässt sich von vorneherein ausschalten, indem wir ausschließlich Wellness-Induzierendes tragen. Nur was passt und was wir
wirklich mögen, darf bleiben. Zweifelsfälle vor dem Spiegel anpro-
bieren, mit dem Bauch als Entscheidungshelfer. „Ich ziehe mir das
über, wie fühlt sich's an – uff... oder ah!?"

Oft laufen wir in mäßig attraktiven Schlabbersachen herum,
während unsere Prachtstücke seit Monaten im Reinigungsplastik
auf den besonderen Anlass warten. Der Rest unseres Lebens beginnt heute. Kleider machen Leute. Aber nur, wenn wir sie lassen.
Schluss mit beschränkendem Klassendenken: das ist für Zuhause,
jenes für Festlichkeiten, dieses für Renovierungsarbeiten. Unsere
Besten harren sehnsüchtig der Erlösung – endlich herausgekramt
und ausgeführt zu werden, das Licht der Welt zu erblicken! Mit uns
hinausstolzieren zu dürfen auf den Globus, strahlend alle beide!

Wenn unser gesamter Fundus aus reduzierten Einzelteilen besteht, sagen wir uns damit vor: nur soviel bin ich wert. Lieber ein
Stück kaufen, das das Herz vor Freude hüpfen lässt, anstatt fünf
lahmer Kompromisse. Manchmal wollen wir Ungeliebtes nicht
weggeben, weil wir einen gähnend leeren Schrank befürchten. Das
Gegenteil ist der Fall. Nach einer Sortieraktion ist Schluss mit un-
übersichtlichem Gedränge und zeitraubendem Gewühle. Tür auf,
Farbenpracht und Übersicht, nur noch die Lieblingsstücke strahlen
uns entgegen – sich aufladen an freudigen Schwingungen!

Aktionsplan Kleiderschrank: Alles, worin wir uns nicht gut fühlen, fliegt raus. Alles was geändert oder gereinigt werden muss, wird

neben die Haustür gehängt, schrittweise erledigt und zieht dann in wunderbar erfrischtem Zustand wieder ein. Was bleibt, einsortieren nach Kategorien und Farben. Es hat etwas Beruhigend-Befriedigendes, unsere Schätze geordnet nebeneinander aufgereiht zu sehen.

Kleidung hilft uns, in Neuland vorzustoßen, ein ungewohntes Image zu verkörpern. Viel Spaß beim Spielen mit den Dresscodes für die verschiedenen Welten – Business, Akademiker, Künstler – wenn mit zunehmendem Selbstbewusstsein in einer Rolle die Uniformierung abnimmt. Kreativität ausleben in neuen Mustern und Schnitten, in den Schwingungen der Farben baden. „Wonach ist mir gerade?" Grün schafft Balance und Harmonie, unterstützt Heilungsprozesse und ein Gefühl der Lebendigkeit. Rot verankert Motivation, Aktion und das Erreichen von Zielen. Pink wirkt aufheiternd, schwingt mit Enthusiasmus und Liebe zum Leben. Orange strahlt Kreativität, Spaß und Selbstvertrauen aus. Türkis verankert Erdung, gesunde Anbindung an Vorfahren und innere Ruhe. Blau wirkt beruhigend, symbolisiert Wahrheit, Integrität, Zielgerichtetheit. Lila unterstützt Schwingungen von Wohlstand und der eigenen Kraft. Weiß verankert Frequenzen von Klarheit und Reinheit. Gelb steht für Freude und Hoffnung und steigert das Selbstbewusstsein.

Beim Thema Kleidung darf das Wort zum Essen nicht fehlen. Oft hängen wir an Kleidungsstücken in der Illusion, uns in (allerspätestens) drei bis sieben Monaten wieder erfolgreich hineinzuzwängen. Zwischenzeitlich teilen wir unserem Körper und uns selbst mit: „So wie du bist, akzeptiere ich dich nicht." Wenn unser Denken um Gewicht oder Körperformen kreist, ist das eine Einladung auf den

Ausflug weg von der Oberfläche, warum nicht ein paar Komplizen mitnehmen: Bücher, eine Selbsthilfegruppe, was uns anspricht. Tiefersitzende Ängste verlieren an Macht, sobald wir sie ausbuddeln und ins Licht halten. – Was hat Priorität? Unbeschwertes Genießen oder eine bestimmte Kleidergröße? Oft essen wir nicht aus Hunger, sondern weil wir Stimulation suchen. Wir wollen uns spüren, sind am lebendigsten, wenn wir uns überdosieren, überarbeiten. Wenn die Fetzen fliegen, wir wieder in der Hauptrolle, in der neuesten Folge des selbstinszenierten Dramas stehen.

Als Menschen möchten wir Schmerz vermeiden und höhere Bewusstseinsebenen erkunden. Schon unsere Ur-Ur-Urahnen haben Hilfsmittel dafür entdeckt, Hochkatapultier- und Unterdrückersubstanzen.

Alkohol schwächt Angstgefühle ab. Tabak hilft, Ärger und Frustration nicht mehr zu spüren. Cannabis gegen die Traurigkeit, Zucker als Liebesersatz, Schokolade als Gegenmittel bei Trennungs- oder Einsamkeitsgefühlen. Viel Essen oder zu wenig Essen als Schutzpanzer für Sensible, übermäßiges Schlafen als Weltflucht. Koffein verdrängt das Bewusstsein, etwas zu verdrängen. Durch Überarbeitung gehen wir Intimität aus dem Weg, das Konsumieren von Bildschirmen erstickt Kreativität. Unser Umgang mit Auf- und Abputschmitteln ist keine Herausforderung in ein erzwungenes ‚Aufhören mit', sondern die Chance, verdrängte Bedürfnisse wahrzunehmen. Von was pfeifen wir uns hier gerade eine Dosis rein? Stoffe und Verhaltensweisen lassen uns herausfinden, was wir wirklich brauchen, wenn wir mal wieder durcharbeiten oder durchhängen. Clearing auf der Ebene uneingestandener oder unbewusster Gefühle. Ziel: Betäubung begrenzen, Bewusstsein erweitern – uns von Lebendigkeit ausfüllen lassen bis in die Fingerspitzen.

Nehmen wir eine Rosine in die Hand – das Letzte, was wir je essen werden. Fühlen, riechen. Die feinen Linien spüren, die im langsamen Vertrocknen gespeicherte Sonne und Energie. Sich die Wärme des Sommers auf der Zunge zergehen lassen. Draufbeißen, die Sinne explodieren. Durch die winzige Frucht dankbar Lebenskraft tanken. – Unsere Gemütsverfassung, die Stimmung beim Essen spielen bei Gesundheit und Nährstoffverwertung eine entscheidende Rolle. Wenn wir uns widerwillig oder missgelaunt einen Salat einverleiben, tun sich Vitamine & Co schwer, uns gut zu tun. Sich ganz ohne Reue, einfach genüsslich ein Stück leckerster Sahnetorte zu Gemüte zu führen, muss weder automatisch dick machen, noch den Ruin der Gesundheit bedeuten. Die innere Haltung ist ausschlaggebend. Essen, Trinken, Rauchen ohne schlechtes Gewissen. Gesund Leben ist was Wunderbares, solange zwischen all den selbstverordneten Fitnessregimes, Asketenambitionen und Mindestliterwassern pro Tag Freude und Genuss nicht auf der Strecke bleiben.

Ein paar Pfunde fallen niemandem auf, die Ausstrahlung zählt! Nur was für uns Thema ist, wird auch von der Umgebung wahrgenommen. Unsere Vibes steuern den ersten Eindruck. Dem Gegenüber schießt entweder durch den Kopf: sehr netter Mensch, bisschen klein halt. Oder: sehr netter Mensch, was für schöne Augen er hat. – Gleiche Körperdimensionen, unterschiedliche Aura, entsprechende Aufzeichnungen auf dem Radar. Instrumentalisieren wir Kleidung, um uns im Körper zuhause zu fühlen. Größen sind so berechenbar wie Lottozahlen, aber es gibt vorteilhafte Schnitte für alle Körperformen!

Sich um ein paar Zentimeter an Bauch oder Po zu sorgen, heißt, das Geschenk des Lebens zu verkennen. Als Affe einen Diamanten zu jonglieren. Wir haben dieses atemberaubende Vehikel für ein paar Jahrzehnte geliehen bekommen. Eine kurze Lebenszeit lang dürfen wir gehen, sehen, lachen, weinen, denken, schmecken, schwitzen, schwimmen, rennen, umarmen und umarmt werden. Erweisen wir uns der Sinnesgaben würdig, indem wir sie schätzen. Sehen wir den Reichtum, der uns gegeben ist – mit einem Herz, das versteht zu danken. Unser Körper ist nur im Nebenjob Kleiderständer. Hauptberuflich sind wir Energiefeld. Auch wenn die Waage etwas anderes behauptet: Wir bestehen aus pulsierender Schwingung, aus Leerraum. Der Platz zwischen den Atomen ist fast hundertmal größer als die Atome selbst, es gibt nocheinmal soviel Platz in jedem einzelnen Atom. Wir sind eine wundervolle, mikrokosmische Miniaturversion des Alls.

Papierberge abtragen

Papier symbolisiert Information und Optionen. Eine Mittdreißigerin kam zu einem Clearing Seminar, da weder sie noch ihr Mann es über sich brachten, die Neuigkeiten von gestern dem Altpapier anzuvertrauen, aus Angst ein relevanter Artikel wäre übersehen worden. Die Zeitungsstapel nahmen dem Paar inzwischen nicht nur Wohnraum, sondern verursachten auch extra Kosten, da sie als Hausaufgaben-Übergepäck in den Urlaub mitflogen. Falls Sie jetzt schmunzeln – was sind Ihre Macken? Plastiktüten vielleicht oder Stoffbeutel? Horten Sie leere Schachteln, Info-Blätter?

Papier steht für Dauerhaftigkeit, verlässliches Schwarz auf Weiß. Konkrete Stabilität zum Dranfestklammern, statt der wild schwappenden, unkontrollierbar unermesslichen Internetfluten. Papier können wir die Hand halten. Ausschnitt und Ausdruck haben etwas Beruhigendes in ihrer Endlichkeit. Sie zerlegen die unablässig fließende Information in kleine weiße Atempausen. Bis die Übersicht wieder untergeht in der Unersättlichkeit der Drucker und Kopierer. Am Rattern gehalten von unserer Unersättlichkeit nach mehr: Information, Inspiration, Absicherung... Weshalb wir bei Papierclutter zuerst an herumfliegende Zettel oder Rechnungen denken. Aber fangen wir bei den gewichtigsten Kandidaten an.

Wir haben Ehrfurcht vor Büchern. Als die ersten Gelehrten handschriftliche Abschriften verfassten, übertrugen sie heiliges Wissen. In Bücherverbrennungen symbolisieren sie Meinungsfreiheit, das Recht auf Leben. – Ein Vorschlag, um unsere Beziehung zu Büchern zu demystifizieren: eines probeweise in den Müll werfen. Nur ganz kurz! Sie dürfen es dann sofort wieder rausretten. Sind Sie empört zusammengezuckt? Ein Buch ist bedrucktes Papier, genau wie ein Werbeprospekt. Nur weil etwas gebunden ist, muss es nicht der Weisheit letzter Schluss sein. Aber Bücher werden zu Freunden, immer da, um uns zu inspirieren oder abzulenken. Sie ersetzen Beziehungen. Wollen Sie eine quirlige Bibliothek zum immer mal wieder Reinlesen und Verleihen oder Buchrücken als dreidimensionales Statusgemälde?

Erst wenn wir alte Gefährten ziehen lassen, schaffen wir Platz für neue Ideen. Manchmal vergessen wir, dass kein einziges unserer Bücher uns gehört. Alle nur geliehen, aus der Bücherei des Lebens. – Schluss mit der Regalhaltung, lasst die Bücher frei! Die besten inspirieren uns sowieso, sie wegzulegen und loszustrolchen, mitten ins Leben hinein. (– Warum sitzen Sie noch?!)

Wie viel Lebenszeit müssten wir investieren, um alle Zeitungsausschnitte einzuordnen? Oder erstmal auszuschneiden? Je größer die Berge, desto größer die Last. Entsorgen wir unser fahruntüchtiges Papierfloß, auf dem wir der Vergänglichkeit und dem Geruch der Verwesung davonschippern wollen. Recycelt rettet es Bäumen das Leben! Und wenn wir schon mal dabei sind: Wie viele Stunden würde es kosten, noch (einmal!) alle Tonträger durchzuhören, Filme anzuschauen? Jeden Tag kommen neue auf den Markt. Warum in alten Liebesbriefen schmökern, wenn wir in der gleichen Zeit brandaktuelle verfassen und gegenwärtig schlagende Herzen entzücken könnten? Nur die Highlights alter Karten und Briefe aufbewahren, im Vertrauen und der Vorfreude darauf, dass neue ins Haus flattern. Beim Durchsortieren vergilbter Unterlagen oder

Schulhefte lohnt es, den Selbstgesprächen im Kopf besonders andächtig zu lauschen. Tunwörter, immer in der Vergangenheitsform: „Das war eine gute Zeit. Da habe ich alles verstanden. Das war ein inspirierender Vortrag." Wie wär's mit: „Das ist eine gute Zeit. Momentan macht vieles Sinn. Ich gehe morgen auf einen Vortrag. Vielleicht werde ich bald selbst einen halten."

Manchmal lesen wir gerne Klatsch, wahrscheinlich weil wir von Natur aus so mitfühlende Wesen sind, die gerne am Schicksal anderer teilnehmen. Vielleicht auch, weil uns Berichte über Kümmernisse anderer einen Energieschub im Sinne eines seltsamen Machtgewinns verschaffen. „Die haben genauso Beziehungs- oder Selbstbewusstseinsprobleme wie ich." Tauschen wir das kurze High gegen eine inspirierende Biografie und laden uns auf mit länger haltbarer energetischer Inspiration. Blinder Passagier im eigenen Leben zu sein, befreit temporär von lästigen Entscheidungen. Aber es ist so viel spannender, sich in den Fahrersitz zu schnallen und Geschwindigkeit und Richtung selbst zu bestimmen.

Quälen Sie sich gern pflichtbewusst durch Lektüre? „Ich habe dieses Buch geschenkt bekommen / gekauft / angefangen, also muss ich es auch zu Ende lesen. Außerdem sollte man das gelesen haben". Ach so.– Nieder mit der Fachliteratur, ein Hoch auf die Freiheit! Auf zum schuldfreien Schmökern im Nichtverordneten! Die nächste Ausgabe der Zeitschrift kommt ins Haus geflattert, obwohl wir die letzten noch nicht durchgeblättert haben. Die Stapel senden ihre Morsezeichen. „Hallo!? Wir wollen dich unterhalten, informieren!! Keine Zeit? Klar. Dann schau uns nur mal kurz durch. Falls du was aufheben willst? – Bitte?!!" Sich leicht und frei an Abonnements zu erfreuen, ist schwieriger als man denkt. Im Zweifelsfall zum Befreiungsschlag ausholen und abbestellen. Unsere Energie folgt unseren Augen, beim Lesen im wörtlichen Sinn. Wie fühlen sich die Schwingungen hinter dem Gedruckten an, welche Lektüre erfrischt, was laugt aus? Was beflügelt oder bestärkt unsere Ideale?

Der Schreibtisch als Oase

Ein optimales Arbeitsumfeld inspiriert und gibt uns Energie – soviel zur Theorie. Glücklicherweise brauchen wir keine 350 Seiten Ratgeber „Büroorganisation leicht gemacht", solange wir unseren gesunden Menschenverstand als Beistand haben. Woran erkennt man, dass eine Akte weiter unterteilt werden muss? Sie platzt aus allen Nähten. Und wenn ein schwindsüchtiges Exemplar nur noch aus drei Blättern besteht, kann es wohl woanders mit einsortiert werden.

Welche Essenz sammeln Sie im Papier: Information, Status, zukünftige Möglichkeiten, Fehlervermeidung? Wenn die Ablage sich schneller vermehrt, als wir neue Ordner kaufen können, steckt wieder die gute alte Angst dahinter. „Könnte ich ja vielleicht..." Und bis dieser Tag kommt, legen wir den Schnipsel mal schnell hier hin. Bei einem gedanklichen „einstweilen" blinken von nun an die Clutter-Warnlämpchen auf und signalisieren Stolpersteine, die uns in der Unübersichtlichkeit stranden lassen.

Kein Werbeprospekt oder Kuvert kommt mehr an uns Türstehern vorbei, gleich – ratzfatz – rein ins Recycling. Denn sobald sie sich mal eingeschlichen haben, schlagen sie Wurzeln: am liebsten auf Tischen,

Garderobenablagen oder sonstigen Waagerechten. Ab sofort kommt Ballast gar nicht mehr durch bis zum Schreibtisch. Entscheidungen werden durch Aufschieben nicht leichter – wenn wir Papieriges gerne zehnmal in die Hand nehmen, bevor es bearbeitet wird, gibt's viel Spaß mit dem Maserntest. Ein Punkt in die Ecke, jedesmal wieder, wenn wir den Zettel ergreifen, wild entschlossen, das aber jetzt wirklich! endgültig! zu erledigen. Und dann entnervt wieder zurückfallen lassen. Wie krank ist der arme Zettel am Ende geworden? Wieviel Energie wurde in Anpacken-aber-dann-doch-nicht-Aktionen begraben? Herrschaft über den Augenblick ist Herrschaft über das Leben. Auch Papier hat das Zeug zum Zuversichtscoach. „Falls ich diese Info benötige, wird sie mir zur Verfügung stehen, in einer aktuellen und deshalb nützlicheren Version."

Bäume als Vorbild: Im Herbst trennen sie sich mit den Blättern von ihrer Lebensgrundlage. Im Vertrauen darauf, dass der Frühling kommt. Weg mit allen FüralleFälle-Kandidaten! Warum in Zettelbergen vergeblich nach veralteten Informationen wühlen, wenn uns per Tastendruck jederzeit Hunderte von relevanten Links über den Bildschirm flimmern.

Auch im Büro gilt das Prinzip: immer von innen nach außen arbeiten. Die Versuchung flüstert uns zu, neue Stapel zu ertürmen. Aber Umschichten ist keine Lösung. Auf die Plätze, fertig, los! Erstmal alle Leichen raus aus Ablage, Hängeregistratur und Stehsammlern. Nur Essentials wie Computer und Telefon dürfen auf dem Schreibtisch wohnen bleiben. Papier wird schrittweise in Kategorienstapel sortiert. Recycling, erledigen (dringend / hat Zeit), Ablage (bekannt / unbekannt), zu lesen… Dann die Dreier-Technik: erledigen, delegieren oder ablegen. In Zone 1 – im Sitzen erreichbar – darf sich nur Papier aufhalten, das wir täglich handhaben. Je seltener die Unterlagen benutzt werden, desto weiter weg lagern sie.

Der beste Trick, um sich bereits vor dem ersten Mausklick erschöpft, nervös und überfordert zu fühlen: alles, was wir nicht vergessen wollen, direkt vor uns auf dem Schreibtisch aufhäufen. Gegenmittel: sämtliche To-Do-Unterlagen ziehen um in die leergeräumte Ablage, oberste Schublade oder ein Regal. Zukünftige Stöße vermeiden, indem wir Systeme für am liebsten Gehortetes anlegen. Ordner für Rezepte oder Reiseideen, eine Einlegemappe für Veranstaltungshinweise. Alles gleich ausschneiden und einsortieren.

Auf Nimmerwiedersehen zu Loseblattsammlungen, diversen Notizblöcken, Post Its... Alles wird direkt in den einzig überlebenden Kalender eingetragen (egal ob Papier oder elektronisch) und das vom To-Do Listen Dasein befreite Lieblingsnotizbuch zur Inspirationsschatztruhe umfunktioniert. Hier finden flügelverleihende Zitate, Aha-Erlebnisse, Konversationsschnipsel und Kritzeleien ein Zuhause. Das Kleinod nach Herzenslust aufklappen und reinschmökern in den funkelnden Reichtum!

Auch im Büro Mikro-Fortschritte wahrnehmen und genießen. Sich auf Erreichtes konzentrieren anstatt sich vorzuhalten, was noch alles zu tun ist. Zettel für Zettel die Lebensgeister wieder ausgraben.

Fotos als Freudenbringer

Die Digitalisierung hat uns den Umgang mit Bildern nicht erleichtert. Die Verantwortung für Aufbewahren und Anschauen bleibt. Oft machen wir sogar mehr Bilder, weil es so einfach geht und der Sonnenuntergang aus diesem raffinierten Winkel eventuell doch noch besser wirkt. Die anderen löschen wir dann einfach. Bald mal, wenn Zeit ist. Dabei wartet das Hochzeitsalbum noch auf Fertigstellung. Anstatt am Unerledigten zu leiden, kurzerhand definieren, dass jeder Bildschirm ein prima Album sein kann. Papierliebhaber umschiffen mit Einsteckalben zeitraubende Designentscheidungen oder mailen die Bilder einem Online-Service, der sie direkt als Kalender oder Buch druckt.

Warum fotografieren wir? Fotos sind unser Versuch, die Zeit anzuhalten. Wir konservieren Schlüsselmomente, wollen Glückszeiten verewigen, definieren uns durch selbstgemachte Bildergeschichten: so toll war der Urlaub, so groß der Fisch, so glücklich die Kindheit – Bilder als Beweis. Fotos sind Gefühle pur, die besten treffen mitten ins Herz, schreiben Geschichte. Deshalb haben wir vor Bildern ebenso große Ehrfurcht wie vor Büchern. Wegwerfen ist tabu.

Wir befürchten, mit dem Bild die Erinnerung zu verlieren. Aber die Erlebnisse haben uns zu dem gemacht, was wir sind, nicht die Abzüge davon. Erinnerung verlieren geht gar nicht. Wir werfen weder Leben weg, noch sind wir respektlos den Vorfahren gegenüber, wenn wir vergilbte Alben nicht zum fünftenmal mit umziehen. Es ist unser Leben! Warum nicht Uraltmaterial dem Heimatmuseum anbieten? Ohne darauf zu bestehen, dass die Bilder ausgestellt werden. Im Schrank weggeschlossen hatte sie ja auch nie jemand bewundert.

Klein anfangen, nicht ganze Schuhkartons auf einmal bearbeiten wollen. Vorsicht, Gefühle überrumpeln von hinten. Entweder eine Zahl festlegen (50 Fotos durchsehen) oder einen Projektabschnitt (ersten Teil der Urlaubsfotos einsortieren). Apropos Urlaub. Falls wir uns beim Packen stressen sollten – kurz hinsetzen, durchatmen und sich schon mal richtig vorfreuen auf das Reiseziel. Pass, Ticket und Geldkarte sind drin? Alles andere lässt sich käuflich erwerben. Bei nächster Gelegenheit Sonnenbrille aufsetzen (gerne auch, um damit die Sonne erst hervorzulocken) und losziehen, um als Balkonien-Tourist die gewohnte Umgebung zu erkunden. Sich mal anschauen, woran normalerweise vorbeigehastet wird. Nase in den Wind, mit Blick nach oben das Stolpern riskieren und sich keine einzige Sehenswürdigkeit entgehen lassen. Vor allem denen auf die Schliche kommen, die offiziell gar keine sind. Auf dem Weg in die Arbeit staunen, wo dreistes Grün den Asphalt bezwungen hat. Nach Feierabend in die Freiluft-Vernissage, die Sonne hat eingeladen und würde sich freuen, wenn wir ihre abstrakten Schattengemälde bewundern.

Ein Foto ist ein potentes Symbol. Im Endeffekt jedoch ein Stück Papier, ein paar Pixeldaten. Es bekommt keine Sonderbehandlung, unterzieht sich genau der gleichen Bestehensprobe wie der Reservedosenöffner oder die vier Paar Hosen für die Gartenarbeit. Gretchenfrage: „Trägt dieses Bild zu meiner Lebensfreude bei?" Wenn nein, was hat es dann hier zu suchen? Fotos, die uns nichts bedeuten, sind ideales Los-lassen-üben-Material: verwackelte Abbildungen von Hü-

geln oder Häuserzeilen; nach ein paar Gläschen geknipste Schnapp-
schüsse, die im Licht der Nüchternheit erheblich an Charme einbü-
ßen. Auch Fotografien wollen inspirierende Freudenbringer sein und
nicht als belastende Bürde vor sich hin verstauben. Tanken wir die
frische Energie aktueller Bilder in farbenfrohen Collagen am Kühl-
schrank. Zeigen gerahmte Fotos die ganze Familie, so wie sie jetzt ist?
Sind alle zusammen? Oder jeder einsam im eigenen Rahmen, in ent-
gegengesetzte Richtungen gewandt? Durch frische Bildergeschichten
lassen sich neue Schwerpunkte setzen.

Mit einer Linse vor den Augen, dem Skizzierstift in der Hand
entdecken wir die Welt neu. Haben Sie schon mal mit dem Herzen
fotografiert? Diese innere Kamera ist immer dabei, wir lassen sie
nirgendwo liegen und müssen auch keine Angst haben, dass sie ge-
klaut wird.

Inspirationsbuch zücken, wenn wir etwas Schönes sehen. Auch
wenn es gar nicht hübsch ist. Ein paar Stichworte halten die Szene
fest und werden zum bildlosen und damit umso assoziationsreiche-
ren Schnappschuss. Das schwerelose Kleinformat erlaubt, unser
Alternativalbum immer mal wieder rauszuziehen. Lesen, sehen,
schwelgen.

Wenn Fotoprobleme zu überwältigend werden, hilft vielleicht ein
kurzes Blinzeln über den Tellerrand. Welcher Prozentsatz der Welt-
bevölkerung hat ein Dilemma mit unfertigen Alben? Vielleicht mal
wo ehrenamtlich aushelfen? – Das Licht, das uns zum Foto verhilft,
legt 300 000 Kilometer pro Sekunde zurück, rast also in knapp über
einer Sekunde von der Erde zum Mond. Das Licht unserer Sonne
erreicht uns in acht Minuten. Die Nachbargalaxie Andromeda sen-

det Strahlen, die nach 2,4 Millionen Jahren bei uns ankommen. Unsere Galaxie hat 100 Milliarden planetare Systeme – und ist eine von 100 Milliarden anderer Galaxien.

V Mentaler Ballast

Die Gedanken sind frei

Aufräumen fängt im Kopf an und geht im Herzen weiter. „Ich fuhr Auto, als mir plötzlich auffiel, dass ich mir gar keine Sorgen machte. Anstatt darüber nachzudenken, was ich noch alles tun musste, fiel mir auf, wie schön die Sonne durch die Bäume schien." Gedanken sind mächtig. Sie können als freie Radikale unsere Welt demolieren oder konstruktive Zukunftsbausteine sein. Aus unseren Gedanken entspringen Worte. Aus Worten werden Taten, aus Taten Gewohnheiten. Gewohnheiten formen unseren Charakter, der Charakter unser Schicksal.

Immer mal wieder fühlen wir uns hilflos ausgeliefert, den wahl- und willenlos herumhopsenden Gedankenäffchen, die pausenlos durch unseren armen Kopf turnen. Um die 60 000 pro Tag sind es, die meisten eher mondän, 95% davon die gleichen wie gestern. Das dumpf-ratternde Gedröhne steht an Unterhaltungswert einer Telefonbuchlektüre in nichts nach.

Hier ein paar Werkzeuge aus dem Erste-Hilfe-Koffer, um das Karussell zu verlangsamen. Um Klarheit zu gewinnen, in welcher Zeit wir leben, zeichnen wir einen Kreis, der unsere Gedanken symbolisiert. Dann in drei Bereiche unterteilen: Vergangenheit, Gegenwart, Zukunft. Wieviel Zeit verbringen wir – in Gesprächen und gedanklich – in Antike (Kindheit), Mittelalter oder Science Fiction? Gefällt die Gewichtung so? Wenn nein, wo könnten wir umschichten?

Wortmüll, Datenschrott, Aufmerksamkeitsfresser – was wir bei
Nachrichten anderer als lästig empfinden, zeigt, welche Kommuni-
kationsschnipsel wir selbst weglassen können. Jammern über Be-
langlosigkeiten ist ein Energiefresser. Kein Sitzplatz im überfüll-
ten Zug? Griesgrämige Kollegen? Frustgespräche lassen sich durch
Fragen umlenken. „Was würdest du stattdessen gerne machen?"
Wenn wir etwas als Problem klassifizieren, zementieren wir, weil
wir alle Energie in den Ist-Zustand stecken. Warum nicht umde-
finieren in eine Herausforderung? „Ich sollte mal wieder" auflo-
ckern in „Ich könnte mal wieder – den Papierkram angehen." Alles
was wir sagen oder denken ist eine Affirmation. Wie viele unserer
16 000 Worte pro Tag sind eine positive Kraft? Was müssen wir
wirklich? Indem wir auf die Wortwahl aufmerksam werden, hinterfragen wir selbstauferlegte Zwänge.

Tratsch heißt, dass im eigenen Leben nicht viel von Bedeutung
passiert. Um Selbstzweifel in Schach zu halten, machen wir andere kleiner. Wer seine eigene Größe kennt, lässt anderen ihre. Interne Qualitätskontrolle: „Wer profitiert davon, wenn ich das jetzt
ausspreche?" Gespräche und Gedanken sind auf unterschiedlichen
Ebenen angesiedelt. Sie können uns hochziehen und einen Energieschub versetzen. Oder uns und andere erschöpft und ausgelaugt zu-
rücklassen. Setzen wir uns ans Ufer des Gedankenflusses und lauschen. Was plätschert da im Kopf vor sich hin? „Was lässt mich auf
der Stelle treten, was katapultiert mich weiter ins Leben hinein?"

Mentale Selbst- und Streitgespräche lassen sich unterbrechen,
indem wir uns auf ein für uns positives Wort wie Freude, Frieden,
Licht, Ruhe... konzentrieren und das mantraartig wiederholen. In

uns hineinfühlen, bis die Schwingung leichter und freudvoller wird. Gedanken sind mit der Vibration der Lebensenergie eng verbunden. Viel Spaß beim Experimentieren mit einem Lieblingsgedicht, Gebet oder meditativen Text. Jederzeit aus Tasche oder Gedächtnis kramen und sich darin versenken. In die Inspiration abtauchen, wenn das Radio im Kopf nur noch Störsignale aussendet.

Ein Stift neben dem Bett entlastet den Geist beim Einschlafen. Eine Notiz beruhigt und schaltet die Nicht-Vergessen-Warnblinker ab. Wenn wir denken – also mit uns selbst reden – sind Zunge und Unterkiefer angespannt. Bewusstes Entspannen verlangsamt den Strom, gräbt Geräuschkulissen wieder aus, die verschütt gehen in all dem Lärmsausen in uns. Schultern lockern, Kopf kreisen, der Musik des Lebens lauschen: Herzklopfen, Holzknarzen. Windrauschen, Weckerticken, Kühlschranksummen... – Ausziehen aus dem Kopf und einziehen ins Leben.

Zur Ruhe kommen, indem wir uns ganz auf einen Teil des Körpers konzentrieren. Das Bewusstsein vom Kopf in die Hand umlenken und spüren, wie das Leben pulsiert. Wie fühlen sich die Lippen an, die Stirn, der kleine Zeh? Gedanken wie Wolken an sich vorbeiziehen lassen. Das Kommen und Gehen ohne Bewertung beobachten. Wir müssen dem Leben gar nicht hinterherlaufen. Wenn wir stillhalten, ganz still, kommt es zu uns. Regelmäßiges Abspringen vom Gedankenkarussell bringt Präsenz und Ausgeglichenheit. Meditation ist keine Technik, die erst nach vielen Kursen preisgibt, wie man sich korrekt verknotet und die richtigen seltsamen Laute von sich gibt. Meditation ist Achtsamkeit. Sein statt Denken. Ruhig werden, die Aufmerksamkeit nach innen umlenken. „Wie bin ich gerade hier?"

Rückmeldung aus Körper und Seele durchkommen lassen. Meditation ist Besinnung. Den Film im Kopf unterbrechen und uns zurückkatapultieren in den Film um uns herum. Den wir meist übersehen, Augen weit offen. Meditation ist Aufgehen in einer Bewegung, einer Beschäftigung. Unkraut jäten, am Auto herumschrauben, Gemüse schnippeln. Sie wissen, was Sie entspannt. Worüber vergessen Sie die Zeit? Was lädt Sie auf? Bewusste Handgriffe bringen Sinnlichkeit und Besinnlichkeit zurück. Sich beim Abwasch das Glitzern der Seifenblasen nicht entgehen lassen. Einfach dasitzen und in Luftschlössern spazierengehen. Horchen, wie die Waschmaschine glucksend ihrer Arbeit nachgeht. Sich den Himmel genauer ansehen oder ein Gesicht.

Die Seele baumeln lassen. Einen Augenblick lang nicht wünschen, nicht greifen, nicht fordern, nicht brauchen. Still wie Wasser das Licht spiegeln.

Mythos Zeitmanagement

Natürlich wissen wir alle, dass man dieses glitschige, unberechenbare Etwas, das uns ständig durch die Finger rinnt, nicht managen kann. Trotzdem horchen wir auf, wenn wieder jemand sagt: Hier ist ein Patentrezept! Beim Mythos Zeitmanagement geht es in Wirklichkeit um Energie. Und davon können wir nie genug bekommen.

Eine Professorin füllt Steine in ein Glas, bis oben zum Rand, blickt auf. „Ist das jetzt voll?" Die übereinstimmende Antwort lautet ja. Daraufhin holt sie Kieselsteinchen heraus und füllt sie zwischen die

Steine. Die gleiche Frage, die Rückmeldung diesmal etwas zögerlicher: vielleicht? Abschließend wird Sand in verbleibende Zwischenräume geschüttet. Das Glas ist ein Tag, der Sand die Alltagspflichten, unser „das muss ich noch schnell erledigennachschauenfertigmachenwaschenkochenputzen..." Die Steine stehen für unsere inneren Prioritäten. Wenn wir nicht aufpassen, füllen sich die Tage ganz automatisch mit Sand, einer nach dem anderen. Lassen Sie sich nicht unterkriegen! Sandspielzeug rauskramen, die Steine ausbuddeln, den Zeitplan entrümpeln. Das Leben um selbstgesetzte Prioritäten herumorganisieren, auf keinen Fall sich selbst hinten anstellen. Zeitmanagement heißt Balance schaffen. Zeit sparen geht nicht. Herausfinden „was brauche ich?" geht schon. Mit der Vergangenheit ins Reine kommen, den Lebensraum von Ballast befreien. Nichts machen, nur weil alle anderen es tun. Ein Gespür dafür entwickeln, wann die Luft raus ist aus einem Telefongespräch oder einer Begegnung und sich trauen, Schluss zu machen. Wenn wir nicht in Stimmung sind, zehrt es nur. Keine Sorge, der anderen Person geht es genauso.

Ein Zeitlimit schafft Struktur. Anstatt etwas zu machen „bis es fertig ist", selbst eine Deadline setzen. Alle To-Do Listen direkt in den Kalender eintragen. So lässt sich überprüfen, ob wir realistisch sind oder für drei 90 -Minuten-Jobs zwei Stunden veranschlagen. Auch die Tätigkeiten einplanen, die wir nie einkalkulieren: Auszeit, Aufräumen, Aufgaben vor uns herschieben werden zum offiziell genehmigten Bestandteil des Stundenplans. 13 bis 14 Uhr: Trödeln, Tagträumen, Urlaubspläne schmieden! – 20 bis 8 Uhr: Ausknopf, Klappe zu. Allem Verkabelten und Vernetzten bleibt der Saft entzogen. Der Arbeitstag bekommt ein klares Ende und wir einen freien Kopf; einer der vier Tagesabschnitte Morgen, Vormittag, Nachmittag, Abend wird rigoros freigehalten; alle Freizeittermine abgesagt, die zur lästigen Pflicht geworden sind.

Und wenn wir schon mal dabei sind, nicht nur den Terminkalender entmüllen, sondern auch die viel zu lange Liste mit Erwartungen an uns selbst. Reality check: Passen Fähigkeiten und Ambitionen zusammen? Ein Rennpferd hat Spaß am Galoppieren, einer Schildkröte liegt ein anderes Tempo im Blut. Beide leben ihre ureigene Geschwindigkeit und kommen deshalb ans Ziel. Wenn wir aus Zeitlupe geschnitzt sind, ist die Überholspur eher ungemütlich. Efeu zeigt uns, wie man langsam über sich hinauswächst. Mal innehalten, nicht immer weiter rennen. Stehen lernen wie ein Baum. Kein gewaltsames Verbiegen, auch beim Tempo gibt es kein besser oder schlechter.

Wenn bei einer Clearing Session das Steckenbleiben droht, Pause machen oder aufhören. Zwingen wir uns nicht in einen Rhythmus, der uns nicht liegt. Manche sind von Natur aus Macher, die sich nur lebendig fühlen, wenn sie sieben Projekte gleichzeitig am Laufen haben. Andere sind kontemplativ, lieben das Bewahren, die Prozesse, die Beschaulichkeit. Wir brauchen beides. Trauen wir uns, unserem Typ gemäß zu leben. Wie der gelassene Holzfäller. Während sein Kollege ohne Pause durchschuftet, unterbricht er ab und zu, um hinter die Hütte zu verschwinden. Am Abend hat der Akkordarbeiter 27 Bäume gefällt, der Beschaulichere 37. Die Antwort auf die fassungslose Frage, was er denn in den Pausen gemacht habe? Die Axt geschärft.

Manchmal sind wir am Ende, bevor wir angefangen haben. Möchten aufgeben im Verpflichtungsmarathon, Zielgerade nir-

gends in Sicht. Aber selbst Stress hat Vorteile. In einer Busyaholic-
oder Märtyrerrolle fühlen wir uns gebraucht oder besser als andere,
was zum Antriebsstoff werden kann. Stress ist nützlich, um Entscheidungen auszuweichen oder Verantwortung zu vermeiden. Wir
können andere bestrafen oder Aufmerksamkeit ergattern. Schaut-
mal-alle-her!, wie ich hier wieder schufte. Vielleicht gestehen wir
uns erst am Limit eigene Bedürfnisse zu. Tun erst in der Zeit einer
Krankheit etwas für uns selbst, hören erst dann auf zu funktionieren. Körperliches Unwohlsein als einzig gesellschaftlich akzeptier-
ter Ausweg zu Ruhe und Erholung. Warum können wir nicht in der
Arbeit anrufen und sagen „Mir geht's heute nicht so gut, irgendwie
ist mir gerade alles ein bisschen zu viel." Nein, es muss eine ärztlich
attestierte Körperpanne sein. Kopfschmerzen als Problem akzep-
tiert, Grübeln nicht. Subtilere Blockaden manifestieren sich erst
nach einiger Zeit als körperliche Symptome.

Wir können dem Stress jederzeit an den Kragen gehen und Lachen und Lebensfreude wieder ausgraben unter den Bergen von
Verpflichtungen, unter denen wir sie gerne mal beisetzen. Kleine
spontane Verrücktheiten einbauen – worauf hätten Sie Lust? Einen Nachtspaziergang? In den nächsten Bus einsteigen und sehen, was es an der Endstation zu entdecken gibt? Außerirdische
auf einen Kaffee einladen? Sobald wir vom Planeten Erde erzählen, große Begeisterung, interessierte Fragen. „Wie fühlt es sich
an, auf Pyramiden zu stehen, über Berge zu klettern, in Ozeane
abzutauchen?" „Keine Ahnung, aber ich kann Euch genau erzählen, was die letzten 25 Jahre im Fernsehen lief!" Im Durchschnitt
haben wir im Alter von 60 Jahren 15 davon vor Flimmerkästen
verbracht. Komfort ist ein gefährlicher Freund, der erst ablenkt

und dann einschläfert. Wollen wir eigenen Ideen nachgehen oder die anderer konsumieren? Dieser Tag wird nie wieder kommen.

Niemand kann Zeit managen. Aber wir können eigene Erwartungen steuern und uns eine Haltung auswählen, wie wir durch den heutigen Tag gehen. Gelassen? Voller Freude? Offen für Neues, für Abenteuer? Freundlich zu allen, denen wir begegnen? In Ehrfurcht vor dem Wunder des Lebens?

Aufschieberitis

Oft verbringen wir mehr Zeit damit, darüber nachzudenken etwas (endlich) zu tun, als es dauert, diese Sache zu erledigen. „Jetzt räume ich dann mal diese Papiere vom Schreibtisch / rufe X an / hänge das Bild auf" – eine Sache von drei Minuten. Aber wir sind locker im Stande, uns wochenlang vorzusagen: „Bald. Morgen. Gleich!" Psychologische Hintergründe können Versagensangst sein oder ein Rebellionsakt, dem inneren Erwachsenen eins auswischen zu wollen mit erfrischender Anarchie. Leider stellen wir uns nur selbst ein Bein. Wenn wir die To-Do-Liste hinter den Horizont in die Unendlichkeit abdriften lassen, hat das negative Auswirkungen auf unsere Gesundheit.

Der schlimmste Stress kommt nicht von außen, er ist hausgemacht. Aufgeschobenes nagt und zehrt an uns. Schluss mit umständlich, wenn etwas weniger als zwei Minuten dauert, gleich erledigen: Telefonnummern austauschen, Waschbecken auswischen. Wer sagt, dass sich auf To-Do-Listen nur käsige Pflichten aneinanderreihen dürfen? Entwerfen wir die Alternativversion, nur die

Hits: Krispe Morgenluft reintrinken. Spazierengehen, wann immer mir danach ist. Seelenwärmende Farben in Büro und Kleiderschrank einziehen lassen.

Gewohnheiten sind erst Spinnweben und dann Drähte. Sie lassen uns in eine Lebenshaltung abrutschen, die die nächsten fünf Jahre als garantiert voraussetzt. Gegenmittel: Sich in einer ruhigen Minute hinsetzen und absolut alles aufschreiben, was im mentalen wilden Westen unabgehakt herumgaloppiert. Wanted: E-Mail beantworten, Knopf annähen, Glühbirne auswechseln. Alle flüchtigen Lieblingsaufschieb-Nichterledigungen. Kurz und prägnant halten, keine komplexen Überaufgaben. Allein diese Klarheit tut schon gut.

Im nächsten Schritt dann einige Punkte in den Kalender übertragen, mit Uhrzeit daneben. Den Rest der Liste unterteilen in: Tun (jetzt). Delegieren (an wen, wann). Bis zu diesem Zeitpunkt erledigen (Datum). Fallenlassen (ausstreichen). Das Gefühl der Erleichterung ist der reinste Kurzurlaub. Als extra Belohnung obendrauf gibt's eine Lieblingsbeschäftigung. Was macht Freude? „Leichter gesagt als getan", grummeln wir, „ich liebe Surfen und das lässt sich nunmal schwer einschieben zwischen Kochen und Abwasch." Ok. Wann ist der nächste freie Tag? Wie können wir uns einen schaffen? Wer kümmert sich um Kinder / Haustiere / Topfpflanzen? Und los geht's mit Planen und Möglichmachen, in die Tat umsetzen und sich vorfreuen. Runter von der langen Bank, rein ins Leben.

Mythos Multi-Tasking

Drei Dinge gleichzeitig erledigen zu wollen, funktioniert nicht, auch wenn wir uns das immer wieder einreden. Das Ergebnis sind unkonzentrierte Halbsachen, wir bringen uns um das Hochgefühl, eine Sache erfolgreich abgeschlossen zu haben. Wenn wir uns ausschließlich auf eine Aufgabe konzentrieren, schaffen wir mehr. Warum gleichzeitig das Bügeleisen anschalten, noch schnell eine Karte schreiben und schon mal den Computer hochfahren? Wir verlieren erst den Überblick und dann die Nerven. Eine Aufgabe beenden, dann die nächste anfangen, bringt die Befriedigung, etwas erreicht zu haben. Wie wär's damit: nur ein Blatt Papier auf einmal auf dem Schreibtisch! Sobald das bearbeitet ist, wandert es weiter in den entsprechenden Ordner oder Papierkorb. Falls das unrealistisch klingt, nehmen wir's einfach als Inspiration, mit unnötigem Multi-Tasking aufzuhören.

Schluss auch mit innerem Ausfransen in der Kommunikation. Da wir dreimal schneller denken als reden, basteln wir meist schon an der Antwort, während das Gegenüber noch spricht. Wir entwerfen unseren Beitrag und warten auf ein Stichwort zum Einhaken. Wirkliches Zuhören ist stille Konzentration, sich einlassen auf die Gesprächspartner. Erst wenn wir die eigene Meinung hintanstellen, filtern wir wesentliche Nachrichten aus dem Wortsalat. Ist das an Herz oder Intellekt adressiert? Sobald wir uns auf einen anderen Standpunkt einlassen, erweitert sich der eigene Horizont.

Vor der Erleuchtung – Holz hacken und Wasser tragen. Nach der Erleuchtung – Holz hacken und Wasser tragen. Manche Alltagsverrichtung wird sich nie aus unserem Leben verabschieden. Das einzige was wir ändern können, ist unsere Einstellung. Tun, was getan werden muss, Arbeit als sichtbar gewordene Liebe. Durch Staubsaugen höhere Energie im Raum verankern, Fensterputzen mit der Bitte um mehr Klarheit verbinden. Eine saubere, helle Umgebung fördert den Energiefluss, Stress vermindert sich, Effizienz steigt. Nicht nur bewusstes Ausräumen, auch bewusstes Putzen ist Magie. Schätzen, warum man etwas tut. Beim Kochen Liebesinfusionen anrühren. Fühlen, dass auch Staubwischen einen Sinn hat. All is full of love.

Elektronischer Clutter

Eine Tageszeitung enthält mehr Nachrichten, als ein mittelalterlicher Mensch ein ganzes Leben lang mitbekam, Information verdoppelt sich alle zehn Minuten, Wi-fi ist überall, Technologie bindet uns an die Arbeit, es gibt kein Entkommen – stop. Nur, wenn wir das mit uns machen lassen und vergessen, wo nochmal der Aus-Knopf am Smartphone war und wie man den bedient. Vielleicht fühlen wir uns insgeheim sehr gebraucht und wichtig, wenn die ganze Welt mit uns sprechen will. Jetzt und immer. Feierabend, Wochenende – was ist das? Social Media haben den Hunger auf Feedback in uns geweckt. Wir posten etwas und wollen, dass der Globus Kenntnis nimmt. Reaktionen, aber dalli.

Ausbüchsen in Sendepausen, Zeitlimits für E-Mail, Twitter, Facebook & Co. Aus der virtuellen Realität zurückfliegen, landen und die Mittagspause in den Nachmittag hineinwandern lassen. Spüren, was uns umgibt. Auch unterwegs die Augen von diversen Bildschirmen losreißen und statt auf virtuelles Flimmern dem Leben ins Gesicht starren. Wie es am Zugfenster vorbeifliegt. Wie es uns auf der Rolltreppe entgegengeschaufelt wird.

Konkret Anstehendes zuerst erledigen, kein ständiges Hin- und Herspringen zwischen Internet und Projekten. Arbeitsprozesse strukturieren, gleiche oder ähnliche Abläufe zusammen erledigen. Zuerst die Anrufe, dann die E-Mails, dann die Berichte. Überflüssige Newsletter abbestellen oder in die Junkmailbox umleiten. Entschlackendes Informations-Heilfasten ausprobieren und den Neuigkeitenkonsum reduzieren. Die Tatsache akzeptieren, dass wir nie alles wissen werden.

Oft tippen wir lieber als zu reden, da das momentan als der geringere Energieaufwand erscheint. Aber es kann zigmal hin- und hergehen, bis ein Termin feststeht. Keine Mails, wenn ein einziges Telefonat sieben davon ersetzen kann. Der Versuchung widerstehen, jede Mail in fünf Kopien rauszuschicken. Etwas im Internet zu recherchieren, ist oft nur Übersprungshandlung für die eigentliche Aktion. Anstatt stundenlang zu surfen, gleich beim Kurs anmelden, Tickets buchen.

E-Mails sofort beantworten, nicht erst nach dem vierten Mal Öffnen; schon beim ersten Lesen die Löschentscheidung treffen und klickend vollenden. Der Angst unerschrocken in die Augen sehen, die auch hier wieder herumwabert mit ihren vagen Androhungen. „Behalte das lieber noch, dann hast Du was in der Hand. Am besten gleich noch ausdrucken. Und kopieren. Zweimal. Sicher ist sicher. Man weiß ja…" Elektronischen Ballast loszuwerden ist genauso befreiend wie das Entsorgen dreidimensionaler Gegenstände. Aufräumen im Äußeren setzt immer einen Parallelprozess im Inneren in Gang. Energie fließt wieder.

Säbeln wir die Nabelschnur zum Smartphone durch, nur für ein paar Stunden. Arbeit, Regenschirm, Papiertaschentücher, Lippenbalsam, das gute Buch und alle anderen Karabinerhaken müssen heute zu Hause bleiben. Wir ziehen ohne den winzigsten Anflug einer Tasche leicht und frei in den Abend hinaus. Lassen uns Regentropfen auf den Lippen zerplatzen. Schauen zu, wie die Dämmerung den Konturenstift rauskramt und langsam alle Farben ausblendet.

VI Emotionaler Ballast

Kennen Sie das? Sie gehen in der Natur spazieren, hören ein Konzert, umarmen ein Kind – aber kaum etwas kommt durch? Direkter Zugang zu den natürlichen Emotionen Liebe, Zorn, Trauer, Angst und Eifersucht ist uns oft nicht möglich. Diese fünf Basisgefühle sind uns mitgegeben als emotionale Startrampen in ein erfülltes Leben. Wenn wir die ursprünglich gesunden, lebensbejahenden Ausdrucksformen unterdrücken, verkehren sie sich in lebensverneinende Emotionen. Wird Zorn nicht als spontanes Nein-Danke-Barometer gelebt, mutiert er zu Aggression oder Hass. Trauerempfinden ist uns geschenkt, um mit Verlusten und Todesfällen zurechtzukommen. Unausgelebt verwandelt es sich in Selbstmitleid, Klage und Bitterkeit. Aus lebenserhaltender Angst wird lebensverneinende Angst, die ursprünglich als Motivator konzipierte Eifersucht endet im Drama.

Beim Clearing lernen wir, den natürlichen Emotionen sachte zu begegnen. Unbenutzte Kaffeetassen und ungelesene Bücher stecken einen überschaubaren Übungsbereich ab, wir experimentieren mit unmittelbarem Gefühlsfeedback in kleinen Dosen. Lernen in einem Kartonschonraum, komplexe Emotionen wieder durch- und zuzulassen. Soviel gerade geht. Sobald es überwältigend wird, Kiste zu, Deckel drauf, Bremse rein. Morgen weiter.

Gefühle über uns selbst stehen in direktem Zusammenhang mit unserer Umgebung. Nachdem wir inzwischen Profis sind, Gegenstände bewusster wahrzunehmen, kommen nun Stimmungslagen auf den Prüfstand. Wir haben identifiziert, was auf dem Schrank lag. Was liegt uns auf dem Herzen?

Überflüssige Gefühle

Alle Emotionen hinterlassen energetische Fußabdrücke. Sie bleiben als Schwingungen zurück, in uns und den Dingen, die uns umgeben. Wenn ein Gegenstand mit bitteren Gefühlen belastet ist, kann jemand anders besser damit leben, unbelastet von diesen Assoziationen.

Wie oft leiern wir uns die Bedenken von vorgestern für übermorgen herunter? Welches sind Clutter-Gefühle, die nur Kraft kosten und konstruktivem Vorwärtskommen im Weg stehen? Sich Sorgen machen zieht die Energie herunter, ohne etwas zum Positiven zu bewegen. Sobald uns klar wird, dass wir anziehen, worauf wir uns konzentrieren, wird es leichter, den Fokus zu verändern. Über Lösungsmöglichkeiten nachzudenken, anstatt Zeit zu vergrübeln. Oft wird Stress dadurch hervorgerufen, dass wir versuchen, eine unsichere Zukunft zu kontrollieren. Tief durchatmen und fragen „Was für ein Problem habe ich jetzt – in diesem Moment?"

Schuldgefühle und Bedauern können eine Weigerung sein, weiter zu gehen. Wir brandmarken uns als schlecht, anstatt uns als menschlich zu akzeptieren. Niemand ist unfehlbar, wir alle sind Opfer und Täter. Aus der Erfahrung lernen, am besten nicht exakt das Gleiche noch einmal versuchen – und dann auf zu brandneuen, noch spannenderen Verfehlungen! Vielleicht hilft ein Befreiungsritual beim Loskommen? Das Dilemma auf einen Zettel schreiben

und in einer kleinen Zeremonie vergraben / verbrennen / verschließen. Welches Format auch immer sich richtig anfühlt und gut tut.
- Vergeben entlässt uns oder andere nicht aus der Verantwortung.
Es bedeutet, den eigenen Schmerz loszulassen und sich vom Ballast
dieses Kummers zu befreien, als ein Geschenk an uns selbst. Denn
die Hälfte der negativen Energie, die wir durch Groll schaffen,
bleibt an uns hängen. Was wir anderen antun, tun wir uns selbst an.

Wenn Tiere Auseinandersetzungen austragen, belasten sie sich
nicht noch Tage später mit halbverrückten Streitselbstgesprächen.
Wir dagegen sind Meister der Kopfschmerzfabrikation und spielen
uns unermüdlich die gleiche Platte vor, inklusive Sprung. „Sowas
lasse ich nicht mit mir machen. Das ist die Höhe. Was bildet der
sich eigentlich ein? So geht's nicht. Wenn ich den wieder sehe, dann
setzt's aber was. So eine Unverschämtheit. Na warte. Sowas lasse
ich nicht mit mir machen. Das ist die Höhe. Was bildet der sich eigentlich..." – Werden wir so weise wie die Enten, schlagen kurz und
heftig mit den Flügeln, schütteln uns mit dem Wasser den Ärger
aus den Federn und flattern weiter. Vielleicht gibt's ja sowieso nicht
viel zu vergeben? Von der anderen Seite sieht es anders aus. Das
Gegenüber fühlt sich genauso im Recht, sonst wäre der Streit nicht
entstanden. Alle tun immer ihr Bestes. Vielleicht mal wieder in den
Spiegel schauen, was es da zu erspähen gibt?

Bei Auseinandersetzungen innehalten, „Was habe ich zu dieser
Situation beigetragen?" Die Kommunikation entschärfen, indem
wir Sätze mit ich statt Du beginnen. „Ich fühle mich dadurch verletzt", klingt anders als „Warum musst Du mir immer wehtun mit
deiner Trampeligkeit." Einen Schritt zurückzutreten und sich die

Begebenheit von einem anderen Blickwinkel aus anzusehen, bringt entspannende Relativierung. Sich den Vorfall, der uns aus der Fassung bringt, als Szene einer Seifenoper vorstellen. Wird uns diese Bemerkung in zehn Jahren noch aufregen? Innerer Widerstand ist ein Widerhaken, der uns in einer Situation gefangen hält. Er energetisiert ungeliebte Umstände und verfestigt sie damit. Krampfhaftes Bemühen hindert statt zu helfen. Für etwas sein, anstatt dagegen halten. Ins Fließen kommen durch geduldige Akzeptanz des Gegenwärtigen und einer glasklaren Vorstellung des Erstrebten.

Solange wir Recht behalten wollen, setzen wir damit andere ins Unrecht. Ein Angriff ist wie ein Brief. Wenn wir ihn nicht annehmen, geht er an den Absender zurück. Wenn negative Energie auf uns gerichtet wird, können wir innerlich zur Seite treten und sie an uns vorbeirauschen lassen. Nur wenn sie einen Resonanzboden in uns findet, entsteht ein Drama. In dem Moment, wo wir uns rechtfertigen, akzeptieren wir die Anklage. Wenn wir Konflikten und Unterschieden in Beziehungen bewusst und aktiv begegnen, sind sie inspirierende Quellen des Wachstums. Es geht nie darum, was andere tun oder nicht tun. Es geht darum, welche Reaktion wir wählen. Es ist so viel leichter Kritiker/in zu sein, als Vorbild. Wagen wir den Rollentausch. Nur für ein paar Stunden. Wie lange halten wir durch, zu meinen, was wir sagen und zu sagen, was wir meinen? Wie lange schaffen wir es, Harmlosigkeit im Sinne Gandhis zu praktizieren: weder uns selbst, noch andere oder den Planeten zu verletzen? Selbst die Veränderung zu sein, die wir uns wünschen?

Gefühle weisen uns die Richtung. Was zehrt aus? Sich eingesperrt, unwürdig oder kontrolliert fühlen. Pessimismus, Langeweile, Frustration, Ungeduld, Überforderung, Enttäuschung, Zweifel, chronischer Ärger oder Selbstgerechtigkeit. Emotionen sind mit unseren Überzeugungen verbunden und ändern sich, sobald wir die Überzeugungen ändern. Großer Besen, weg damit, Platz machen für neue! Wenn das so einfach wäre. Aber oft nehmen wir lieber vertrauten Kummer in Kauf, als aus unserer Komfortzone herauszukrabbeln. Ziehen bekannten Schmerz dem Sprung ins Ungewisse vor. Leiden ist leichter als Lösen.

Manchmal schleppen wir jahrzehntealte Reaktionsmuster mit uns herum, ohne zu realisieren, dass sie uns inzwischen nur noch behindern. In der Kindheit waren sie lebenserhaltende Krücke, um den Alltag zu bestehen. Im Erwachsenenalter werden sie zum Hamsterrad, in dem wir Szenarios wieder und wieder durchspielen in der Hoffnung auf das Happy End. Leiden ist nicht gut für die Seele. Außer es lehrt uns, wie wir aufhören zu leiden.

Destruktive innere Kritiker bekommen Hausverbot. Sobald sie anfangen zu nölen, sagen wir höflich aber bestimmt: „Vielen Dank für diesen erneuten Hinweis auf meine Unzulänglichkeiten – kenne ich bereits. Schluss Ende Aus. Raus!" Natürlich werden sie bald wieder vor der Tür stehen. „Ah, ihr seid's wieder." Wenn wir sie als Begleiter akzeptieren, genau wie unsere inneren Richter, die einfach gerne hauptberuflich Urteile fällen, bringt uns ihr Kommen und Gehen nicht mehr aus der Ruhe.

Ausgeleierte Beziehungen sind zwar nicht in Plastiktüten zu entsorgen, aber Gewohnheitsloyalität qualifiziert sich ebenso als Kandidatin für eine Clearingaktion wie die seit Jahren unbenutzte Reserve-Regenjacke. Gesunde Freundschaften beleben uns, sie nähren uns seelisch. Welche Gefühle löst eine Beziehung bei uns aus? Es gibt Milliarden von Menschen auf der Welt und wir haben die freie Wahl, mit wem wir Zeit verbringen. Wenn uns das Helfersyndrom einen Streich spielt, hilft die Erkenntnis: Andere zu retten ist weder möglich noch wünschenswert. Wir können einem Depressiven einen Witz erzählen oder darauf hinweisen, dass es heute schon wieder nicht regnet. Das gleicht energetische Schwingungsdefizite nicht aus. Wir können niemanden hochziehen, auch wenn wir noch so angestrengt reißen oder geduldig zupfen. Jede/r ist auf einer ureigenen Reise unterwegs. Wir sind nie für das Glück eines anderen Menschen verantwortlich. Aber immer für unser eigenes.

Konstruktiver Ärger kann uns kurzfristig höher katapultieren. „Das werden wir ja sehen!" gibt Feuer unterm Hintern. Ein Wutausbruch, der niemand anderen verletzt, ist eine gesunde Energiequelle. In ein Kissen schreien, auf die Matratze einboxen. Auch Neid lässt sich wunderbar in ein Motivationswerkzeug transformieren. Er zeigt uns an, was wir auch gerne hätten. Wie geht's da hin? Was ist der erste Schritt? Langeweile kann Botschafterin interessanter Neuigkeiten sein. Ist es Zeit geworden, weiter zu ziehen? Wenn ja, wohin? Es bringt niemanden weiter, wenn wir auf der Stelle treten und unsere Talente verleugnen. Sobald wir Begabungen annehmen, wächst die Welt durch uns und mit uns. Das eigene Leben glücklich zu meistern ist der größte Gefallen, den wir anderen tun können!

Affirmationen sind Sätze, mit denen wir Gedankengänge bewusst umprogrammieren. Es steht uns frei, uns ein Leben lang vorzusagen, worin wir angeblich nicht gut sind und damit in dieser Wahrnehmung und Realität einen Dauerparkplatz anzumieten. Wer entscheidet, was Sie denken? Wenn wir uns dabei ertappen, wie wir uns mal wieder angebliche Beschränkungen aufzählen, Punkt, Komma, Strich, fertig ist das Lachgesicht. Mit einer brandneuen Version der alten Leier. Wir sind frei, wenn wir nicht mehr nur um uns selbst kreisen. Wenn Versagen uns nicht mehr umwirft, sondern anspornt. Wenn andere uns nicht mehr aufregen. Affirmationen sind keine Betäubungsmittel. Wenn wir wütend sind, macht es nicht viel Sinn, sich zwanzigmal vorzubeten „ich bin gaaanz ruhig und im Friieeeden." Verdrängung bindet Energie. Lieber das Gefühl wahrnehmen, sich reinstürzen, undestruktiv abreagieren, weiterziehen. Keine Angst vor negativen Gefühlen. Unaufgeregtes Surfen: die Wellen der Empfindung kommen sehen, ausreiten. Richtig rein, richtig rauf, richtig runter. Gar nicht erst versuchen, wegzulaufen. „Worauf will mich dieser Moment aufmerksam machen?" Die einfachste, wirkungsvollste Therapie: Emotionen zu fühlen, wenn Sie anklopfen. Sie nicht runterzudrücken, wenn sie hochsteigen wollen. Dann gehen sie auch wieder, ohne Narben zu hinterlassen.

Sich nicht länger wegfühlen, ausklinken. Hinsehen, was da vor uns ist und mitbekommen, was wir tun. Uns volllaufen lassen mit Großstadtlichtgeblinke, Morgentau, Abendrot. Reinwaten in die rotraschelnden Blätterfluten, die uns der Herbst um die Füße spült.

Aus Grenzerfahrungen nehmen wir oft Lebensweisheit mit, die uns langfristig weiterhilft. Ein Klient erzählte, wie ein gräßlicher Vorgesetzter ihn zur Kündigung inspirierte, die dann zu einer beruflichen Neuorientierung führte. Ohne den Leidensdruck des lieben Ekels hätte er den Sprung in eine neue Laufbahn vielleicht für immer vor sich hergeschoben. Wählen wir eine Person aus, die unser Leben positiv beeinflusst hat. Dann denken wir an jemanden, der/die eine Art Widersacher waren oder sind. Das kann auch eine Krankheit sein oder ein traumatischer Verlust. Jetzt weisen wir Rollen zu: Katalysator? Bote? Herausforderer? Hebamme? Soulmate? Engel? Lehrerin? Welche anderen Rollen fallen uns ein? Diese Menschen und Ereignisse kamen in unser Leben, um ein Geschenk zu bringen. Was könnte das sein? Eine persönliche Entwicklung? Der Anstoß zu einer Veränderung? Auch hier müssen wir unsere Gut / Schlecht-Aufkleber unverrichteter Dinge wegpacken.

Nach einem Schicksalsschlag können wir an der Frage hängenbleiben, auf die es keine Antwort gibt: „Warum ich?" Oder uns transformieren lassen vom Schmerz und langsam umformulieren in ein „warum ich nicht?" Warum sollen nur alle anderen den Unwettern ausgesetzt sein, Schiffbruch erleiden, fast untergehen – während mir eine lebenslange Kreuzfahrt im Dauersonnenschein zusteht? Es liegt eine große Kraft in der Akzeptanz, dass wir immer eine Wahl haben. Aus „ich muss" wird „ich wähle", die Schwere macht sich davon. Zuerst in der Sprache, der eigenen Innenwelt und schließlich im Außen. Wir katapultieren ungeahnte Möglichkeiten aus dem Dunkel des Unbewussten ins Scheinwerferlicht der Aufmerksamkeit.

Übergestülpte Patentrezepte

Eigene Glaubenssätze zu kreieren ist kraftvoller, als sich die anderer überzustülpen. Wir ticken alle unterschiedlich. Zimmern Sie sich Ihre eigenen Definitionen. Was bedeutet Krise für Sie? Eine spirituelle Erfahrung von Ende und Anfang? Nur wenn ein Versagen als solches definiert wird, ist es eins. Ansonsten bleibt es ein Erlebnis mehr und ein Neuanfang. Das „Scheitern" einer Beziehung als Startschuss ins neue Glück für alle Beteiligten. Was ist Glück? Eine heiße Dusche? Zehen im Sand? Ein Tag ohne Stundenplan? Was heißt Erfolg? Guter Job, Nachkommen und mehr als andere zu besitzen? Den eigenen Launen und angelernten Reaktionen nicht mehr hilflos ausgeliefert zu sein? Freudig die Herausforderungen anzunehmen, die das Leben bringt?

Identifizieren wir Verhaltensmuster, die persönlichem Wachstum im Wege stehen und misten sie gleich mit aus, wenn wir schon mal am Sortieren sind. Top Entwicklungshemmer: sich weigern, Hilfe anzunehmen; Informationen oder Rat ignorieren, die nicht mit dem eigenen Weltbild übereinstimmen; Entschuldigungen erfinden, warum etwas nicht funktioniert. – Gönnen wir uns Zeit für Seelensuche. Was will ich wirklich an diesem Punkt? Weiß ich es? Was denke ich sollte ich wollen? Was will ich wegen anderen? Was sind Seelenprioritäten, was sind Kopfprioritäten? Wir fliegen so hoch wie die Träume, die wir zu leben wagen.

Treten wir aus dem Entweder-Oder-Club aus. Als Mitglied verdienen wir entweder gutes Geld oder tun, was wirklich Spaß macht; haben entweder die Karriere oder eine glückliche Familie. Erfreulicherweise ist das Leben nicht als Kompromiss patentiert. Was ist Ihr Motto? Ein weitverbreiteter Mythos verkauft uns das Leben als Schule: Lern was, leiste was. Ebenfalls im Angebot: Das Leben ist unberechenbar. Bring dich in Sicherheit und bleib dort die nächsten 25 Jahre sitzen. – Wie wär's mit was Luftigerem? Das Leben nicht als immerwährende Prüfung, mit SetzenSechsDurchfallen-Option. Das Leben ist zum Leben da, eine Einladung in den Sowohl-Als-auch-Club. Als revolutionäres Gründungsmitglied verfrachten wir die angestaubtesten Denkmuster in die Abstellkammer und hängen die aufregend neuen gut sichtbar auf – Inspiration für alle! Ausstellungsstück Nummer eins: Das Leben ist ein Geschenk. Wir dürfen jeden neuen Tag ehrfürchtig aus dem Morgenrot wickeln. Existieren und funktionieren sind ausverkauft. Jetzt neu: Auskosten, untertauchen, nach Luft schnappen, paddeln, Purzelbäume schlagen. Sich beschwipsen an Licht und Düften. Freudensprünge machen, umfallen, wiederauferstehen.

Wir haben die Wahl, uns darüber aufzuregen, dass der Zug wieder zehn Minuten verspätet ist. Oder uns zu freuen, wenn er dann kommt. Weil wir anderswo auf dem Planeten glücklich wären, aufs Dach eines alle sieben Stunden aufkreuzenden Busses zu klettern und uns neben die Hühner zu zwängen. Weil sonst kein Platz mehr frei ist. Und der nächste Bus erst morgen kommt. Vielleicht. Ab und an mal von Automatik und Durchzug in den Dankbarkeitsgang runterzuschalten ist sehr gut fürs Immunsystem. Dieses Gefühl ist belebender als ein Energy Drink, dazu noch gratis. Freude lässt sich kultivieren.

Möchten Sie ein Dankbarkeitstagebuch anfangen? Oder einfach nur am Abend vor dem Einschlafen freihändig all die Erlebnisse auflisten, die Ihr Herz weit aufmachen? Die Augen der Seele offen halten, mehr als nur ein paar kurze Momente lang, ehe wir wieder ins Vollzeit-Übersehen abrutschen. Die Welt braucht unsere lachenden Lippen und eine schiefe Weltsicht, um sie ein bisschen aus der Bahn ins Gleichgewicht zu rücken.

Wir haben die Freiheit, uns in Sicherheit einzusperren. Oder uns jeden Tag neu zu erfinden, Verletzung und Misserfolg zu riskieren und zu überwinden. Jeder Moment ist der potentielle neue Lebensabschnitt, an dem wir die Diplome abheften und persönliche Stärken zum Beruf machen können. Falls es den Job nicht gibt, dann erfinden wir ihn eben. Handyverkauf und Webdesign sind nicht gerade jahrhundertealte Traditionsberufe.

Zur Vorbeugung gegen Abstumpfungssymptome verschreiben wir uns, Gewohntes umzugraben, Neugier zu kolonisieren. Erzählen Sie Ihrem außerirdischen Freund von einem typischen Tag. Ich stehe auf (was ist das?), steige in den Zug (in den was?) und fahre in die Stadt (eine?). Die Seele nährt sich gerne an Winzigkeiten. Lächeln statt Stirnrunzeln während wir vor dem Computer sitzen – das Gesicht spiegelt alle Emotionen, die sich darauf abzeichnen, nach innen zurück. Wir können uns jederzeit anschließen an die Batterien des sinnlichen Genießens. Die Sterne glitzern, unbeirrt von unserem sturen Wegsehen. Sie hören nicht auf zu leuchten, nur weil wir mal wieder lieber in die Röhre gucken oder Pflichtlisten oder Vergangenheitsfilme abspulen. Es lohnt sich, ab und an zu drastischeren Mitteln zu greifen, um die spektakulären Spektakel um uns herum nicht permanent auszublenden. Uns daran zu erinnern, wie viel Unselbstverständliches wir als selbstverständlich abtun. – Stellen Sie sich vor, Sie bekämen die Diagnose, in drei Monaten Ihr Augenlicht zu verlieren. Nach dem Unfall nie wieder auf den Beinen zu stehen. Warum fällt es uns so selten auf, dass wir Treppen steigen können, Brücken überqueren? Musik vernehmen, auch wenn sie gar nicht aus dem Radio kommt?

Stellen wir uns vor, etwas letztmalig zu erleben. Was immer als nächstes passiert, für uns gibt es das entwertende nächste Mal nicht mehr. Ein Stück eiskalte Melone essen. Sich von der Sonne übers Gesicht streicheln lassen, vom Wind durch die Haare wuscheln. Wolkenkino gucken. Im gelassenen Vertrauen darauf, dass ungeplante Ereignisse spirituelle Richtungsweisung sind.

VII Unbeschwert bleiben

Das Wort zum Kaufen

Wie verhindern, dass nach einer erfolgreichen Sortieraktion alles bald wieder voll ist? Falls sich die neue „Leere" noch zu ungewohnt oder beängstigend anfühlt, werden wir sie wieder füllen. Haben wir Geduld mit uns selbst, aber unterziehen alle potentiellen neuen Mitbewohner einem Bewerbungsgespräch. Darf dieses angebliche Schnäppchen wirklich permanent bei mir einziehen? Wenn ja, dann gilt die goldene Regel: etwas Neues rein – etwas Altes raus. Glück ist im Sein, auch während wir uns im Haben verheddern. Ein Mann schlendert im Urlaub am Hafen entlang und sieht einen Fischer auf seinem Boot in der Sonne schaukeln. Kappe ins Gesicht gezogen, wohliges Räkeln. Sie beginnen zu plaudern. „Na, wie war der Fang heute?" „Ausgezeichnet, danke." „Fahren Sie nicht nochmal raus?" „Warum?" „Dann könnten Sie noch mehr fangen, mehr verkaufen und mehr verdienen." „Und?" „Dann könnten Sie sich mehr leisten. Alles machen, was Sie gerne tun!" „– In aller Ruhe in der Sonne liegen?"

Manchmal tun wir Dinge, die keinen Spaß machen, um Dinge anzuschaffen, die wir nicht brauchen. Es hilft kein Leugnen und Zähneknirschen, im Kern sind wir weiterhin Jäger und Sammler. Früher waren es Beeren und Pilze, die wir nach Hause in die Höhle trugen. Heute sind es Beeren, Pilze und noch ein paar andere Dinge... – Was kaufen wir beim Kaufen? Glück? Zugehörigkeitsgefühl, Beruhigung, Zerstreuung, Wachstum, Ablenkung. Was kaufen Sie? Ein Image? Liebe? Sicherheit? Innere Ruhe? Erfüllung? Bewunderung? – Wann kaufen Sie? Eine Seminarteilnehmerin erzählte, dass sie an einem Einrichtungsladen nie vorbeikam, ohne eine Kerze oder ein Sofakissen mitzunehmen. Dabei wusste sie, dass ihr Zuhause bereits zu voll davon war. Warum also konnte sie nie widerstehen? Im Laufe des Gespächs stellte sich heraus, dass sie versuchte, etwas Wesentlicheres in den Tüten nach Hause zu tragen. Die Kerzen und Kissen symbolisierten, was sie momentan schmerzlich vermisste: Ruhe. Sie arbeitete so viel, dass sie nie dazukam, sich eine Kerze anzuzünden und ganz ohne Blick auf die Uhr in einen Sessel zu kuscheln. Oft besorgen wir einen Gegenstand als Platzhalter für den tieferliegenden Wunsch. Sammeln materielle Zutaten für nichtmaterielle Grundbedürfnisse in der Hoffnung, uns daraus ein nahrhaftes Süppchen zusammenzurühren.

Wir alle brauchen ein Gefühl von Sicherheit, von lieben und geliebt werden, wollen einen sinnvollen Beitrag leisten. Um Spannung in den Mix zu bringen, trifft unser gentechnisch vorprogrammiertes Stabilitätsbedürfnis auf ein ebenso universales Verlangen nach emotionalem und intellektuellem Wachstum. Wir können diese Sehnsüchte direkt stillen, sobald wir unterscheiden lernen zwischen Wollen und Brauchen. Wenn wir uns nicht mehr nur auf die Erfüllung äußerlicher Wünsche konzentrieren, sondern die Bedürfnisse dahinter aufdecken. „Brauche ich noch mehr beruhigende Meditationsmusik? Oder mehr Zeit für mich selbst? Noch eine Zeitschrift, einen Film – oder mehr Abwechslung?"

Sobald wir uns der ersehnten Essenz direkt annähern, versuchen wir nicht mehr so oft, sie über den Umweg des Dingeheimschleppens ins Leben zu integrieren. Vermindern damit das Risiko, versehentlich das innere Feuer unter Symbolen zu verschütten. – Sobald wir Clutter von der Glut schaufeln, schlagen die Flammen wieder hoch!

Wie oft dürfen wir noch miterleben, wie die Krokusse vorwitzig ihre kleinen bunten Nasen durch die Schneedecke stupsen und ins gleißende Lebenslicht blinzeln? Vierzigmal? Dreimal? Blinzeln wir mit.

Augen auf im Clutter-Verkehr

Gegenstände verwandeln sich in Clutter. Heimlich, still und leise. Sie entgehen unseren Adleraugen, ducken sich weg, obwohl sie gut sichtbar im Regal prunken. Nach einigen Jahren gehören viele unserer Bücher oder Kleidungsstücke einem Menschen, der wir nicht mehr sind. Melodien, die uns als Teenager befreiten, klingen nicht mehr nach Musik. Klänge transportieren uns. Wohin soll die Zeitmaschine abheben: zurück? Oder mit uns als Couchpassagier schwerelos in unbekannte Sphären vorstoßen?

Trainieren Sie den Clutter-Identifizier-Blick: die Verdächtigen erspähen, ganz ohne detektivisches Vergrößerungsglas. Und dann Spaß beim „clear as you go". In regelmäßigen Abständen Dinge einsammeln, die unser Zuhause verlassen, uns erleichtern, andere beglücken. Es dauert nur 19 Tage, eine neue Gewohnheit zu schaffen!

Es gibt so viele glorreiche Handtaschen, Stiefel und Technikspielzeuge auf der Welt. Erfreuen wir uns an Dingen, die andere haben.

Sachensucher bleiben, ohne beim Anblick von Alltagsschönheiten in Reflexe zu verfallen: Eintüten! Nach Hause tragen! In den Schrank stellen. Loslassen schon vor dem Zugreifen. Berauschen wir uns an Accessoires, Farben und Formen, Einfällen und Errungenschaften anderer. Augen auf im Straßenverkehr, dieser überdimensionalen Kunstausstellung, dieser interaktiven Installation! Wenn uns ein besonders außergewöhnliches Prachtexemplar an jemandem auffällt, womöglich ein Kompliment verschenken? Ein Lächeln anzünden, warme Schauder über Rücken runtergießen? Ohne uns gleich im Anschluss unauffällig zu erkundigen, woher denn diese Schuhe...?

Unser kleiner blauer Planet dreht sich mit einer Geschwindigkeit von weit über 1000 km/h um die eigene Achse. Rast mit 100 000 km/h um die Sonne. Unser gesamtes Sonnensystem wirbelt mit einer Million km/h um die eigene Mitte, die Milchstraße. Kein Wunder, dass uns manchmal ein bisschen schwindlig wird. Dass wir uns festhalten müssen. An selbstgebauten Entschleunigern aus Papier, Glas, Plastik, Baumwolle, Ton, Stahl, Kautschuk, Porzellan, Holz, Kristall, Elasthan, Polyethylen...!

Alles Unbenutzte ist ungelebtes Leben

Wer aus Energiemangel zum Stillstand gekommen ist, kann nicht mehr mitreißend sein. Sogar hinreißend wird schon strapaziös. Glücklicherweise gibt es eine besonders vergnügliche und unanstrengende Clearing-Methode, Verdruss durch Entzücken zu ersetzen. Die sogenannten „guten" Sachen im Alltag zum Leben erwecken! Die für „besondere Anlässe" reservierten Dinge von ihrem

Dasein des Verstaubens und Vermottens erlösen. Viele von uns haben eine Ehrfurcht vor Geschirr oder Sonntagskleidung geerbt. Das Kristall wird nicht angerührt, wir trinken aus Senfgläsern. Kerzen hoffen vergeblich darauf, angezündet zu werden. – Schluss mit dem Schonen, entstauben wir das Schöne und verzaubern jeden Tag in den Festtag, der er ist! Den Einkaufszettel mit dem prachtvollsten Lieblingsstift schreiben. Revolution, Leben statt Kleben! Natürlich ist umgehend unsere treueste Begleiterin zur Stelle, um uns warnend ins Ohr zu wispern: „Ich will Dir ja nur helfen. Lass das kostbare Ding lieber weiterverstauben, dann kann nichts passieren. Sicher ist sicher. Denk an die Gefahren: Abnutzung! Risse! Sprünge! Flecken! Beim Benutzen könnte das Unaussprechliche passieren, die Katastrophe eintreten – das Ding eventuell kaputtgehen. Zerspringen, in tausend Stücke zerschellen. Weg, aus. Auf ewig." – Wir fassen allen Mut zusammen und entgegnen trotzig: „Ist doch kein Drama. Nur ein Glas, ein Stück Stoff. Es gibt Besseres, Schöneres!" In einer idealen Welt sind wir solch tapfere Helden, schlagen der Angst den Kopf ab, schwingen uns auf's Pferd und reiten mit unserem besten Geschirr in den Sonnenaufgang hinein. Am Montag sind wir dann aber doch wieder brav (sicher ist...), versagen uns die Fülle und spannen freiwillig einen Schonbezug darüber. Für die nächste Generation? Woher wissen wir, was die nächste Generation will? Wahrscheinlich etwas ganz anderes als unsere alten Gläser oder Tischdecken. Kein einmal die Woche, kein Später. Ein Leben ohne Schonbezüge.

Alles Unbenutzte ist ungelebtes Leben. Befreien wir uns und unsere Dinge vom sinnlosen Dasein des Wartens. Leben wir schon heute, am besten jetzt gleich. Wenn wir unsere Sachen ausharren lassen, rutschen wir selbst auch schnell in diese Sich-Tot-Stellen Haltung hinein. – Warten auf einen Partner. Auf eine glücklichere Phase in der Beziehung. Darauf, dass es wieder besser wird. Dass der Stress nachlässt. Auf ein Kind. Auf ein zweites Kind. Darauf, dass die Kinder dann mal aus dem Gröbsten raus sind. Dass die Tage wieder länger werden. Dass sich in der Arbeit etwas tut. Auf einen neuen Job. Den Umzug. Den Ruhestand. Auf Enkelkinder. Auf Mittagspause, Feierabend, Wochenende, den Urlaub, den nächsten Sonnentag. Den Frühling, den Sommer, den Schnee, den Abend, den Morgen. Mehr Zeit, Ruhe, Energie. Die E-Mail, den Anruf. Auf die Gebrauchsanweisung. Das Patentrezept.

Clearing entlarvt Gewohnheitswarten als lebensverneinendes Verpassen des Augenblicks. Mehr als das Jetzt werden wir nie haben. Blühen wir im Moment. Verschicken wir Blumensträuße an die Lebenden, statt welkender Kränze, bevor es zum Freude machen zu spät ist. Wie in folgender Geschichte: ‚Ein Freund von mir öffnete die Unterwäscheschublade seiner Frau und holte ein in Seide eingeschlagenes Päckchen hervor. „Das" sagte er, „ist kein gewöhnliches Päckchen. Ich kaufte es ihr, als wir das erste Mal in New York waren, vor acht oder neun Jahren. Sie hat es nie getragen. Sie hat es immer aufgehoben für einen besonderen Anlass. Und jetzt ist er wohl gekommen." Er trat ans Bett und legte die Schachtel zu den Kleidungsstücken, die er zum Beerdigungsinstitut mitnehmen wollte. Seine Frau war gerade gestorben. Er drehte sich zu mir um und sagte: „Hebe nie etwas auf für einen besonderen Anlass. Jeder Tag ist ein besonderer Anlass." Diese Worte haben mein Leben verändert. Jetzt lese ich mehr und putze weniger. Ich sitze einfach da manchmal, ohne mir ständig Sorgen über alles zu machen. Ich verbringe mehr Zeit mit meiner Familie und guten Freunden. Ich habe verstanden, dass das Leben eine Erfahrung sein sollte, der man sich freudig stellt, anstatt sich mühsam durch die Tage zu kämpfen. Die Worte „irgendwann mal" und „eines Tages" verschwinden langsam aus meinem Lexikon. Wenn es wert ist gesehen, gehört oder getan zu werden, möchte ich es jetzt sehen, hören oder tun. Jeder Tag, jede Stunde, jede Minute ist einmalig.'

Schluss mit Warten. Wir sind zur Freude geboren.

Wir können nicht unser ganzes Leben umkrempeln. Aber die nächste Aufgabe umgestalten. Wir können die Beziehung zu einem geliebten Menschen nicht verändern. Aber die nächste Begegnung anders verlaufen lassen. Wir können weder die Vergangenheit noch die Zukunft kontrollieren. Aber wir können beeinflussen, was wir gerade tun. Wir können nur eine Kleinigkeit ändern. Jetzt.

Und das genügt vollkommen.

UNBESCHWERT LEBEN
Das Bagua

DAS FENG SHUI BAGUA IST EIN RASTER, DAS AUFZEIGT,
WIE DIE VERSCHIEDENEN BEREICHE EINES GEBÄUDES/RAUMES
MIT ASPEKTEN IHRES LEBENS ZUSAMMENHÄNGEN.

Wohlstand Vermögen Reichtum	Ruhm Ruf / Reputation Erleuchtung	Beziehungen Liebe Heirat
Vorfahren Familie Gemeinschaft	Gesundheit & Einheit	Kreativität Nachwuchs Projekte
Wissen Weisheit Weiterentwicklung	Karriere Lebensweg Die Reise	Hilfreiche Freunde Mitgefühl Reisen

DREHEN SIE DAS BUCH, BIS DER EINGANG ZU IHRER WOHNUNG ODER EINEM
BESTIMMTEN ZIMMER PARALLEL ZUM UNTEREN RAND DES BLATTES IST:
SO ALS WÜRDEN SIE DAVORSTEHEN UND GLEICH HINEINGEHEN.
UND DANN: VIEL SPASS BEIM ENTDECKEN,
WO SIE IHREN KRAM AM LIEBSTEN VERSTAUEN…!

Änigmata

**Eine Geschichte,
die die Seele heilt**

von Marion Musenbichler
650 Seiten, 13x19 cm
ISBN: 978-3-942509-08-4

Madita sehnt sich nach dem, was sich ein jeder Mensch
wünscht. Friede. Freiheit. Liebe. Ein innerer Drang ermun-
tert sie, auf eine Reise zu gehen. Das Ziel dieser Reise ist
ein ashram der hier bewusst klein geschrieben wird, weil es
Madita peinlich ist, Menschen nach diesem ashram zu fragen.
Mit Witz und Charme, klar und erweckend, gestalten sich
Begegnungen und Erlebnisse auf dieser Reise, bei der es
auch ohne Erreichen des Ziels, ein Ankommen gibt.
Wäre da nur nicht das Dilemma des hartnäckigen Denkens,
das ihre ohnehin ereignisreiche Zeit noch spektakulärer
gestaltet.
Als Madita noch am Tag ihrer Abreise einem ganz besonderen Buchhändler begegnet und ein kleines Mädchen namens
Marie ihr Herz erobert, folgt der anfänglichen Misere eine
unerwartete Wende.
Madita will an ihre Grenzen stoßen und wenn möglich, weit
darüber hinaus. Wenn Du dieses Bedürfnis mit ihr teilst,
kann auch Dein Abenteuer beginnen, bevor die Suche für
immer endet.

www.lichtland.eu